MY READING COACH
LEVEL 2

정답과 해설은 EBS 중학사이트(mid.ebs.co.kr)에서 다운로드 받으실 수 있습니다.

교재 내용 문의	교재 정오표 공지	교재 정정 신청
교재 내용 문의는 EBS 중학사이트 (mid.ebs.co.kr)의 교재 Q&A 서비스를 활용하시기 바랍니다.	발행 이후 발견된 정오 사항을 EBS 중학사이트 정오표 코너에서 알려 드립니다. **교재학습자료 → 교재 → 교재 정오표**	공지된 정오 내용 외에 발견된 정오 사항이 있다면 EBS 중학사이트를 통해 알려 주세요. **교재학습자료 → 교재 → 교재 선택 → 교재 Q&A**

중학 내신 영어 해결사
MY COACH 시리즈

MY GRAMMAR COACH	기초편, 표준편
MY GRAMMAR COACH 내신기출 N제	중1, 중2, 중3
MY READING COACH	LEVEL 1, LEVEL 2, LEVEL 3
MY WRITING COACH 내신서술형	중1, 중2, 중3
MY VOCA COACH	중학 입문, 중학 기본, 중학 실력

MY READING COACH

LEVEL 2

Contents

About the Book

본책

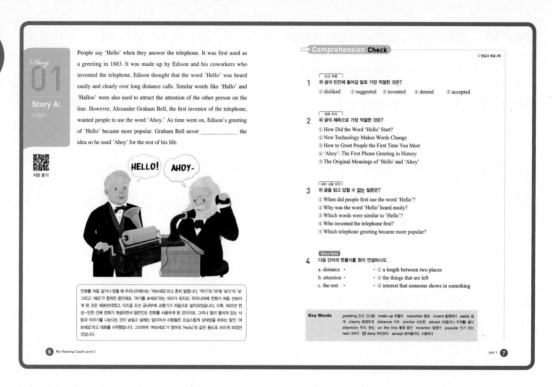

1 리딩 지문
과학, 문화, 시사, 스포츠 등 흥미롭고 신선한 소재의 글을 다양한 형식으로 제공하였습니다.

2 독해 문항
○ 읽기 영역 성취 기준에 근거해 선다형, 서술형, 논술형 문항으로 적절히 구성하였습니다.
○ 지문에 나온 단어를 이용한 영영풀이, 유사어, 반의어 등 다양한 형식의 어휘 연습으로 어휘력 신장에 도움이 되도록 하였습니다.

3 TIP
글의 소재에 관한 추가 정보, 관련된 재미있는 일화나 문화 정보 등을 제공하여 좀 더 풍부한 학습이 이루어지도록 하였습니다.

4 QR코드
지문 아래에 있는 QR코드를 스캔하여 원어민이 읽어 주는 지문을 바로 들어볼 수 있습니다.
(QR코드는 EBS 초등애플리케이션을 통해 이용하실 수 있습니다.)

워크북

story **A** origin

A [단어확인] 다음 단어에 해당하는 우리말 뜻을 쓰세요.

1 greeting		9 attention	
2 coworker		10 inventor	
3 invent		11 popular	
4 easily		12 accept	
5 clearly		13 rest	
6 distance		14 deny	
7 similar		15 on the line	
8 attract		16 make up	

B [영작훈련] 괄호 안의 단어들을 올바른 순서로 배열하여 문장을 완성하세요.

1 'Hello'는 1883년에 인사말로 처음 사용되었다. (a greeting, first, used, as, was)
'Hello' _____ in 1883.

2 그것은 전화기를 발명한 에디슨과 그의 동료들에 의해서 만들어졌다. (was, it, his coworkers, by, made up, Edison, and)
_____ who invented the telephone.

3 'Hello'라는 말이 장거리 통화에서 쉽고 분명하게 들렸다. (was, the word 'Hello', easily and clearly, heard)
_____ over long distance calls.

4 알렉산더 그레이엄 벨은 사람들이 'Ahoy'라는 단어를 쓰기를 원했다. (to use, wanted, people, the word 'Ahoy')
Alexander Graham Bell _____.

5 시간이 지남에 따라, 에디슨의 인사말이 더욱 인기 있게 되었다. (the Edison's greeting, went on, time, more popular, as, became)
_____

My Reading Coach Level 2 88

story **B** animal

A [단어확인] 다음 단어에 해당하는 우리말 뜻을 쓰세요.

1 wolf		8 stupid	
2 breed		9 human	
3 evolve		10 behavior	
4 wild		11 difference	
5 brain		12 while	
6 hunt		13 understand	
7 mean		14 between A and B	

B [영작훈련] 괄호 안의 단어들을 올바른 순서로 배열하여 문장을 완성하세요.

1 400종이 넘는 개들이 있는데, 각각은 야생 늑대로부터 진화한 것들이다. (and, the wild wolf, from, evolved, each one)
There are more than 400 breeds of dog, _____.

2 개들은 사냥할 필요가 없기 때문에 늑대들보다 작은 두뇌를 가지고 있다. (they, because, don't, hunt, need to)
Dogs have smaller brains than wolves _____.

3 사실 개들이 인간들의 행동을 이해하는 데 더 뛰어나다. (are, human behavior, better at, dogs, understanding)
In fact, _____.

4 개들은 또한 늑대보다 더 작은 이빨을 가졌다. (have, than, wolves, smaller teeth)
Dogs also _____.

5 대부분의 개들은 사람들과 함께 사는 것을 좋아하는 반면, 늑대는 사람들 주위에 있는 것을 좋아하지 않는다. (most dogs, with, love, people, living, while)
A wolf doesn't like to be around people, _____.

DAY 1 89

1 단어 확인 문제

지문과 선택지에 나오는 주요 단어를 제시하여 손으로 써보면서 암기 여부를 다시 한 번 확인하도록 하였습니다.

2 영작 훈련 문제

앞서 학습한 지문 중 일부 문장을 우리말에서 영어로 옮기는 훈련을 통하여 날로 비중이 높아지는 중학 서술형 평가에 대비할 수 있도록 하였습니다.

▣ 동영상 강의 제공

본 교재의 내용은 무료 동영상 강의로 제공됩니다. EBS 홈페이지에 접속해서 EBS 선생님과 함께 재미나게 학습해 보세요. 학습한 내용 중 궁금한 것은 강의 Q&A 게시판을 통해 질문할 수 있습니다.

지문 듣기

People say 'Hello' when they answer the telephone. It was first used as a greeting in 1883. It was made up by Edison and his coworkers who invented the telephone. Edison thought that the word 'Hello' was heard easily and clearly over long distance calls. Similar words like 'Hallo' and 'Halloo' were also used to attract the attention of the other person on the line. However, Alexander Graham Bell, the first inventor of the telephone, wanted people to use the word 'Ahoy.' As time went on, Edison's greeting of 'Hello' became more popular. Graham Bell never _____ the idea so he used 'Ahoy' for the rest of his life.

전화를 처음 걸거나 받을 때 우리나라에서는 '여보세요'라고 흔히 말합니다. '여기'의 '여'에 '보다'의 '보' 그리고 '세요'가 합쳐진 말인데요. '여기를 보세요'라는 의미가 되지요. 우리나라에 전화가 처음 선보이게 된 것은 1890년대였고, 이즈음 조선 궁내부에 교환기가 처음으로 설치되었습니다. 이후, 1902년 한성-인천 간에 전화가 개설되면서 일반인도 전화를 사용하게 된 것이지요. 그러나 멀리 떨어져 있는 사람과 이야기를 나눈다는 것이 낯설고 설레는 일이어서 사람들은 조심스럽게 상대방을 부르는 말인 '여보세요'라고 대화를 시작했답니다. 그리하여 '여보세요'가 영어의 'Hello'와 같은 용도로 쓰이게 되었던 것입니다.

⟳ 정답과 해설 2쪽

1 ┌ 빈칸 추론 ┐
위 글의 빈칸에 들어갈 말로 가장 적절한 것은?

① disliked   ② suggested   ③ invented   ④ denied   ⑤ accepted

2 ┌ 제목 파악 ┐
위 글의 제목으로 가장 적절한 것은?

① How Did the Word 'Hello' Start?
② New Technology Makes Words Change
③ How to Greet People the First Time You Meet
④ 'Ahoy': The First Phone Greeting in History
⑤ The Original Meanings of 'Hello' and 'Ahoy'

3 ┌ 세부 내용 파악 ┐
위 글을 읽고 답할 수 없는 질문은?

① When did people first use the word 'Hello'?
② Why was the word 'Hello' heard easily?
③ Which words were similar to 'Hello'?
④ Who invented the telephone first?
⑤ Which telephone greeting became more popular?

4 Voca Quiz
다음 단어의 뜻풀이를 찾아 연결하시오.

a. distance   ·   · ① a length between two places
b. attention ·   · ② the things that are left
c. the rest   ·   · ③ interest that someone shows in something

Key Words   greeting 인사, 인사말 make up 만들다 coworker 동료 invent 발명하다 easily 쉽
게 clearly 분명하게 distance 거리 similar 비슷한 attract (마음이나 주의를) 끌다
attention 주의, 관심 on the line 통화 중인 inventor 발명가 popular 인기 있는
rest 나머지 ❶ deny 부인하다 accept 받아들이다, 수용하다 length 길이

지문 듣기

Believe it or not, every dog is part wolf. There are more than 400 breeds of dog, and each one evolved from the wild wolf. However, dogs and wolves are different in lots of ways. Dogs have smaller brains than wolves because they don't need to hunt. But <u>this</u> doesn't mean they are stupid. In fact, dogs are better at understanding human behavior. Dogs also have smaller teeth than wolves. But the main difference between a wolf and a dog is that a wolf doesn't like to be around people, while most dogs love living with people.

1920년에는 우리나라에 2,000마리가 넘는 토종 늑대가 있었지만, 1989년에 토종 늑대는 우리나라에서 완전히 멸종된 것으로 확인됩니다. 늑대 멸종 이후 고라니, 멧돼지 같은 초식 동물의 천적이 없어져 개체수가 증폭되어, 초식 동물이 민가로 내려와 농작물을 망치는 문제점도 발견되고 있습니다. 정부는 현재 반달가슴곰처럼 늑대 복원 사업을 실시하고 있습니다.

Comprehension Check

1 제목 파악

위 글의 제목으로 가장 적절한 것은?

① Who Is Smarter, a Dog or a Wolf?

② How Are Dogs Different from Wolves?

③ Why Do Dogs Love Living with People?

④ How Did Dogs Evolve from Wild Wolves?

⑤ How Many Breeds of Dog Are There in the World?

2 지칭어 추론

위 글의 밑줄 친 this가 가리키는 것을 찾아 쓰시오.

_____

3 세부 내용 파악

위 글의 내용과 일치하지 <u>않는</u> 것은?

① 개의 품종이 400개가 넘는다.

② 개는 늑대보다 작은 뇌를 가지고 있다.

③ 늑대는 개보다 인간의 행동을 더 잘 이해한다.

④ 늑대는 사람들 주변에 있는 것을 싫어한다.

⑤ 개는 사람들과 어울려 사는 것을 좋아한다.

4 Voca Quiz

빈칸에 들어갈 단어를 위 글에서 찾아 쓰시오.

a. Don't put on your pink hat, you look _____ .

b. The child's bad _____ made everyone angry.

Key Words wolf 늑대 breed 품종 evolve 진화하다, 변하다 wild 야생의, 거친 brain 두뇌, 뇌 hunt 사냥하다 mean 의미하다 stupid 멍청한 understand 이해하다, 알다 human 인간의; 인간 behavior 행동 difference 차이(점) between A and B A와 B 사이에 while ~인 반면에

How do you celebrate birthdays? Eating cake or decorating with balloons? Around the world, people celebrate birthdays differently. Japanese people give ten gifts to the birthday person because the number 10 is good luck. (ⓐ) People in Muslim countries often use green gift wrapping to encourage good fortune. (ⓑ) In India, some people shave a child's head on his or her first birthday. (ⓒ) In Ireland, people lift the birthday child upside down and bump his or her head on the floor. (ⓓ) In the Far East, people eat rice on their birthday instead of cake. (ⓔ) In Russia, people make a fruit pie with birthday messages on it.

*Muslim 이슬람교도, 회교도

우리나라는 태어난 날에 한 살이 되고 새해부터 한 살씩 추가하는 나이 계산법을 사용하고 있습니다. 모든 국민들이 1월 1일에 한 살씩 나이를 먹는 방식으로, 12월에 태어난 사람은 채 한 달도 안 되어 2살이 됩니다. 우리나라에서 사용하는 독특한 나이 계산법으로 다른 나라의 셈법인 '만 나이'와 기준이 달라 혼란스러울 때도 있습니다. 우리나라도 1962년부터 '만 나이'를 쓰도록 법적으로 규정해서 모든 공문서에는 '만 나이'만 사용되고 있습니다.

연결 관계 파악

1 위 글의 흐름으로 보아, ⓐ~ⓔ 중 주어진 문장이 들어가기에 가장 적절한 곳은?

Other countries celebrate with special food.

① ⓐ   ② ⓑ   ③ ⓒ   ④ ⓓ   ⑤ ⓔ

요약문 완성

2 위 글의 내용을 다음과 같이 요약하고자 한다. 빈칸에 적절한 말을 본문에서 찾아 쓰시오.

_____ are celebrated in many countries, but their customs are _____.

세부 내용 파악

3 위 글의 내용과 일치하지 <u>않는</u> 것은?

① 일본에서는 10이라는 숫자를 행운의 숫자로 여긴다.

② 이슬람교 국가에서는 녹색 선물 포장이 행운을 불러온다고 믿는다.

③ 아일랜드에서는 생일에 머리를 부딪치면 불행하다고 믿는다.

④ 극동 지역에서는 생일에 케이크 대신 쌀밥을 먹는다.

⑤ 러시아에서는 생일 메시지가 담긴 파이를 만든다.

Voca Quiz

4 다음 단어의 뜻풀이를 찾아 연결하시오.

a. shave   •   • ① to cut the hair off of something

b. bump   •   • ② to cause something to happen or increase

c. encourage •   • ③ to hit something by accident while you are moving

Key Words   celebrate 축하하다, 기념하다   decorate 장식하다   balloon 풍선   differently 다르게   gift 선물   luck 행운   gift wrapping 선물 포장   encourage (기운을) 북돋다   fortune (행)운   shave 면도하다   upside down 거꾸로   bump 쿵 부딪치다   Far East 극동 지역(한국, 일본, 중국 등 동아시아와 동남아시아 지역에 있는 국가들)   instead of ~ 대신에   message 메시지   ⓞ custom 관습, 풍습   by accident 우연히

지문 듣기

Once upon a time, there lived a mouse in a house. One day, the house owner bought a mousetrap. ⓐThe mouse was scared! He ran to the chicken for help. ⓑHe said, "There's a mousetrap in the house!" "Well, it's none of ⓒmy business," the chicken replied. The mouse was sad. One night, a loud noise was heard from the mousetrap. The owner's wife ran to the mousetrap. Since it was dark, she didn't see that a snake was caught in the mousetrap. When she got near the snake, it bit her. The next day, the owner decided to make some chicken soup for his sick wife. ⓓHe went out to get the main ingredient. Can you guess what happened to the ⓔunconcerned chicken?

식사 시간에 뜨거운 국물 요리를 잘 먹지 않는 미국인들이지만 감기에 걸렸을 때는 치킨 수프를 먹는다고 합니다. 닭의 뼈와 살을 고아 만든 육수가 면역력을 높여 준다고 하네요. 염분 함량이 낮은 수프의 국물이 충분한 수분 섭취를 도와주고, 콧물을 줄여준다고 해요. 또한 부드러운 닭고기에는 셀레늄과 아연, 단백질이 풍부해 아픈 사람들에게 매우 훌륭한 영양식입니다.

Comprehension Check

1 [지칭어 추론]
위 글의 밑줄 친 ⓐ~ⓔ 중 가리키는 것이 같은 것끼리 짝지은 것은?

① ⓐ-ⓒ   ② ⓐ-ⓓ   ③ ⓑ-ⓒ   ④ ⓒ-ⓓ   ⑤ ⓒ-ⓔ

2 [이어질 내용 추측]
위 글 다음에 이어질 내용으로 가장 적절한 것은?

①   ②   ③   ④   ⑤

3 [세부 내용 파악]
위 글을 읽고 답할 수 <u>없는</u> 질문은?

① Why was the mouse scared?
② Did the chicken help the mouse?
③ What happened to the owner's wife?
④ What did the owner decide to make for his wife?
⑤ Where did the owner learn to cook chicken soup?

Voca Quiz

4 빈칸에 들어갈 단어를 위 글에서 찾아 쓰시오.

a. Mr. Kim is the _____ of the beautiful house by the shore.

b. Jack doesn't care or worry about his sister. He is so _____.

Key Words   owner 주인   mousetrap 쥐덫   scared 무서워하는, 겁먹은   chicken 닭   business (관여되는) 일, 소관   reply 대답하다, 응답하다   loud 시끄러운, 큰   noise 소음, 소리   wife 부인, 아내   snake 뱀   bite 물다(-bit-bitten)   decide 결정하다   ingredient 재료   happen 발생하다   unconcerned 무심한   ⓠ shore 해변, 해안

지문 듣기

What are you wearing right now? Are you wearing something with a plain or bold pattern? Some fashion experts think the color and pattern of people's clothes say a lot about their personality. _____, people who wear bright colors like red, yellow or orange are often cheerful and friendly. People who wear dark colors like brown, gray or black are more serious and quiet types. People who wear clothes with bold patterns like stripes and checks are usually very social. Not all experts are right, but it probably is true that the clothes you wear say something about you.

색상을 통해 사람들의 관심을 끌고 다양한 상황의 분위기를 연출할 수 있습니다. 그래서 디자이너들은 색채 이론을 배우며 각각의 색깔이 무엇을 의미하고 어떤 효과가 나는지 늘 관심을 가지고 있지요. 대체로 노란색은 컬러 스펙트럼 중에서는 심리적으로 가장 행복한 색상입니다. 노랑은 긍정의 에너지를 북돋워주고 기억력을 좋게 해주는 색입니다. 녹색은 인간의 눈에 보이는 스펙트럼에서 다른 색보다 더 많은 공간을 차지하며, 파란색 다음으로 사람들이 선호하는 색이라고 합니다. 빨강은 다른 색보다 좀 더 주목을 끌 수 있습니다. 주황은 따뜻함과 활기를 띄는 색입니다. 하얀색은 순수함과 깨끗함을 상징합니다.

Comprehension **Check**

┌ 연결 관계 파악 ┐

1 위 글의 빈칸에 들어갈 말로 가장 적절한 것은?

① Finally   ② However   ③ Therefore

④ For example   ⑤ First of all

┌ 요지 파악 ┐

2 위 글의 요지로 가장 적절한 것은?

① We should know that not all experts are right.

② Some people like to talk about others' clothes.

③ Your clothes say something about your personality.

④ Bright colors often make people cheerful and friendly.

⑤ The colors of your clothes can change your personality.

┌ 세부 내용 파악 ┐

3 위 글의 내용과 일치하도록 빈칸에 적절한 말을 쓰시오.

> A serious person usually wears _____-colored clothes while a person who is _____ and friendly likes to wear bright-colored clothes.

Voca Quiz

4 다음 단어의 뜻풀이를 찾아 연결하시오.

a. serious •   • ① a design of lines, shapes or colors

b. expert •   • ② a person who knows a lot about a subject

c. pattern •   • ③ being thoughtful and quiet, and not laughing often

Key Words   plain 무늬가 없는   bold (무늬가) 선명한, 대담한   pattern 무늬   fashion 패션   expert 전문가   clothes 옷   personality 성격   bright 밝은, 선명한   cheerful 쾌활한 friendly 상냥한, 친절한   serious 진지한, 심각한   quiet 조용한   stripe 줄무늬(의) social 사교적인, 사회적인   probably 아마도   ❶ for example 예를 들면   first of all 우선   subject 주제   thoughtful 사려 깊은

지문 듣기

Many people are (A) familiar / similar with the name Charles Lindbergh. He made a nonstop flight from New York to Paris. _____, do you know the first woman to fly across the Atlantic and the Pacific oceans? Amelia Earhart, a legendary pilot, started flying at 23. She went to an air show and discovered a desire for flying. Although she wasn't (B) bearing / born with natural flying talents, she passionately put in a lot of hard work. In 1932, she succeeded in flying across the Atlantic Ocean while overcoming emergencies like fog and a fuel leak. To this day, Amelia Earhart is (C) remembering / remembered for her courage and pioneering spirit.

최초의 여성 비행사 Amelia Earhart(1897~1937)는 영감을 주는 많은 말을 남겼습니다. 그 중 하나는 "There's more to life than being a passenger."인데요, 이는 "삶에는 승객이 되는 것 이상의 것이 있다."라는 뜻입니다. 능동적이고 적극적으로 삶을 개척해 나가는 그녀의 도전정신이 담긴 말입니다.

1 [연결 관계 파악]
위 글의 빈칸에 들어갈 말로 가장 적절한 것은?

① In addition　　② However　　③ Therefore
④ As a result　　⑤ Nevertheless

2 [어구의 활용]
(A), (B), (C)의 각 네모 안에서 알맞은 것끼리 짝지어진 것은?

(A)	(B)	(C)
① familiar	born	remembered
② similar	born	remembered
③ familiar	born	remembering
④ similar	bearing	remembering
⑤ familiar	bearing	remembering

3 [세부 내용 파악]
위 글을 읽고 답할 수 <u>없는</u> 질문은?

① Who was Charles Lindbergh?
② Who was the first woman pilot to fly across the Atlantic and the Pacific?
③ When did Amelia Earhart start flying?
④ Why did Amelia Earhart go to an air show?
⑤ What happened to Amelia Earhart in 1932?

4 [Voca Quiz]
빈칸에 들어갈 단어를 위 글에서 찾아 쓰시오. (필요한 경우 형태를 바꿀 것)

a. I got bad grades. I have no _____ to study anymore.
b. Mozart showed great musical _____ at a very early age.

Key Words　nonstop flight 무착륙 비행　ocean 바다, 대양　legendary 전설적인, 전설의　pilot 비행사　air show 항공(비행) 쇼　discover 발견하다　desire 갈망, 욕구　natural 천부적인, 타고난　talent 재능　passionately 열렬히, 열정적으로　overcome 극복하다　emergency 비상　fog 안개　fuel leak 연료 누출　courage 용기　pioneering 개척적인, 선구적인　spirit 정신　ⓝ nevertheless 그럼에도 불구하고

지문 듣기

To robot designers, nature is full of new ideas. One scientist got an idea from the gecko, a small lizard, to build a climbing robot. (ⓐ) This gecko-like robot, named Stickybot, was created with biology and robot technology. (ⓑ) Instead, it has plenty of very thin, almost invisible hairs, just like real geckos do. (ⓒ) So, a Stickybot can move fast and even climb walls. (ⓓ) Because of these amazing abilities, military officials have become interested in Stickybots and want to use them to spy on their enemies. (ⓔ)

*gecko 도마뱀붙이

1990년대 미국을 중심으로 여러 로봇들이 군사적 목적으로 개발되었습니다. 몇 가지 소개하자면 총이 장착되고 카메라를 통해 영상 전송도 가능한 '팩봇(PackBot)'과 주로 폭발물 제거에 투입되었던 '탤렌 (Talon)'이 있습니다. 그밖에 병원용 로봇 '엘비스(Elvis)', 무인 앰뷸런스 '레브(Rev)', 무인 항공기 '프 리데이터(Predator)'도 실전에 투입되어 다양한 활약을 하고 있는 군사용 로봇입니다.

1 연결 관계 파악
위 글의 흐름으로 보아, ⓐ~ⓔ 중 주어진 문장이 들어가기에 가장 적절한 곳은?

> Though it is called 'Stickybot,' its feet are not actually 'sticky' like glue.

① ⓐ   ② ⓑ   ③ ⓒ   ④ ⓓ   ⑤ ⓔ

2 어구 의미 파악
위 글의 밑줄 친 these amazing abilities가 의미하는 바를 본문에서 찾아 우리말로 쓰시오.

_____

3 문장 완성
위 글의 내용에 맞게 빈칸에 적절한 말을 쓰시오.

> The Stickybot was _____ by a scientist who got an idea from the surface of a _____ _____.

4 Voca Quiz
빈칸에 들어갈 단어를 위 글에서 찾아 쓰시오.

a. Some stars are _____ to the eye, so scientists use a telescope to see them.

b. She didn't use sugar to make the lemon tea. _____, she used honey.

Key Words   nature 자연   lizard 도마뱀   name ~으로 이름 짓다   biology 생물학   technology 기술   instead 대신에   plenty of 많은   thin 가는, 얇은   invisible 보이지 않는   amazing 놀라운   ability 능력   military 군사의, 군대의   official 공무원, 사무관   become interested in ~에 흥미를 가지게 되다   spy 스파이 활동을 하다   enemy 적   ⓠ sticky 달라붙는, 끈적거리는   surface 표면   telescope 망원경

지문 듣기

Do you know that some orangutans in zoos use touch screens? Isn't that surprising? They enjoy (A) <u>them</u> just (do, as, humans, much, as). Iris, an orangutan, makes pictures on an iPad with a painting app. Her friend, Jingga, loves to watch videos. In 2010, Rich Zimmerman, an animal expert, had the idea to use computers with orangutans in zoos. Unlike in the wild, when they are kept in a zoo without any challenges, they can easily become bored and unhappy. He thought the computer could make (B) <u>them</u> interested in new games, sounds, and puzzles. Zimmerman said, "A bubble game is their favorite. They break bubbles on the screen by touching (C) <u>them</u>."

태블릿 PC는 2000년에 M사에서 개발해서 처음 등장했지만, 크게 유행하기 시작한 것은 2010년 A사의 '아이패드'가 출시된 이후부터 입니다. LCD패널에 PC의 기능을 합친 것으로 키보드와 마우스 대신에 터치스크린을 통해 조작하기 때문에 직관적이며 가벼워 이동성까지 뛰어나며 무선 네트워크도 지원하기 때문에 활용도가 좋습니다. 특히 스마트폰의 기능에 더한 큰 화면이 특징인데요, 최근 스마트폰의 크기도 점점 커지고, '폴더블폰(foldable phone)'까지 출시된다고 하는 걸 보면 앞으로 스마트폰과 태블릿의 경계가 모호해질 것 같습니다.

Comprehension Check

요지 파악

1 위 글의 요지로 가장 적절한 것은?

① Orangutans are the smartest zoo animal.

② Humans and orangutans have many things in common.

③ Zoo keepers use computers to entertain their animals.

④ Too many computer games can make humans unhappy.

⑤ A new animal computer was recently developed.

지칭어 추론

2 위 글의 밑줄 친 (A), (B), (C)의 them이 가리키는 바를 각각 본문에서 찾아 쓰시오.

(A) _____

(B) _____

(C) _____

어구의 활용

3 위 글의 밑줄 친 (do, as, humans, much, as)를 바른 순서대로 배열하시오.

_____

Voca Quiz

4 빈칸에 들어갈 단어를 위 글에서 찾아 쓰시오. (필요한 경우 형태를 바꿀 것)

a. The school bus had a serious accident, but _____ all the students on board were safe.

b. She is good at math, but poor at English. _____ her, her sister is good at English, not at math.

Key Words　orangutan 오랑우탄　surprising 놀라운　human 인간　app 컴퓨터 응용프로그램, 앱　expert 전문가　unlike ~와 달리　without ~ 없이　challenge 도전　easily 쉽게　bored 지루해하는　bubble 비눗방울, 거품　favorite 특히 좋아하는 것　break 부수다, 깨뜨리다　ⓠ entertain 즐겁게 해 주다　on board 탑승한

When you think of hobby collections, you probably think about things like baseball cards, coins, or stamps. (ⓐ) For example, a German man has collected more than 38,000 chocolate wrappers. (ⓑ) And a woman in Las Vegas has collected 30,000 refrigerator magnets. (ⓒ) One dentist in the U.S. began collecting toothpaste from around the world in 2002. He has over 1,400 tubes of toothpaste. (ⓓ) Then there's a guy in the Netherlands who has collected over 6,000 airline sickness bags since the 1970s. (ⓔ) <u>They</u> are from 1,142 different airlines and more than 160 countries.

화폐 수집, 동전 수집, 명화 수집 등 취미나 기념으로 모으는 다양한 수집이 있는데, 그 중 가장 대중화된 것은 우표 수집입니다. 우리나라에서 가장 비싼 우표는 1억원이 넘는다고 하고, 세계에서 가장 비싼 우표는 영국의 식민지인 가이아나에서 발행되어 전 세계에 단 한 장만 남은 우표로 2014년에 약 950만 달러에 낙찰되었다고 합니다.

Comprehension Check

1
연결 관계 파악
위 글의 흐름으로 보아, ⓐ~ⓔ 중 주어진 문장이 들어가기에 가장 적절한 곳은?

> But some people have really strange collections.

① ⓐ   ② ⓑ   ③ ⓒ   ④ ⓓ   ⑤ ⓔ

2
제목 파악
위 글의 제목으로 가장 적절한 것은?

① Jobs and Collections
② The Most Popular Hobby
③ Unusual Collections Around the World
④ Difficulties of Collecting Strange Things
⑤ Differences Between European and American Collectors

3
지칭어 추론
위 글의 밑줄 친 They가 가리키는 것을 찾아 쓰시오.

_____

Voca Quiz

4 빈칸에 들어갈 단어를 위 글에서 찾아 쓰시오. (필요한 경우 형태를 바꿀 것)

a. Put the milk in the _____. It needs to be kept cold.
b. Don't forget to put a _____ on the envelope.

Key Words   collection 수집품 probably 아마 coin 동전 stamp 우표 wrapper 포장지 refrigerator 냉장고 magnet 자석 dentist 치과의사 toothpaste 치약 tube 통, 튜브 airline 항공사 sickness 구토, 질병 since ~ 이래로 ⓐ strange 이상한, 낯선 envelope 봉투

지문 듣기

There are a number of stories about the origin of April Fool's Day. One of the most widely believed stories is related to the introduction of a new calendar in Europe. (ⓐ) In 1582, France became the first country to switch from the Julian calendar to the Gregorian calendar. (ⓑ) This new calendar changed the beginning of the new year from April 1 to January 1. (ⓒ) Others continued to observe the beginning of the new year on April 1, because they didn't know about the new calendar, or ignored it. (ⓓ) Thus, they were called April fools and tricks were played on them. (ⓔ)

율리우스력(Julian calendar)은 줄리어스 시저(Julius Caesar)가 도입하여, 서양에서 그레고리력 (Gregorian calendar)으로 대체되기 전까지 사용된 태양력입니다. 현재 우리나라를 비롯해 대부분의 나라가 사용하는 달력은 그레고리력(Gregorian calendar)입니다. 그레고리력의 1년은 365.2425일로 천문학보다 26초 길어, 약 3,300년에 하루 차이가 납니다. 그 전에 율리우스력은 1년의 길이가 365.25 일로 128년마다 1일 편차가 났습니다. 한편 우리나라가 그레고리력을 채용한 시기는 갑오개혁 이듬해인 1895년입니다.

Comprehension Check

연결 관계 파악

1 위 글의 흐름으로 보아, ⓐ~ⓔ 중 주어진 문장이 들어가기에 가장 적절한 곳은?

> Some people changed and celebrated the new year on January 1.

① ⓐ   ② ⓑ   ③ ⓒ   ④ ⓓ   ⑤ ⓔ

제목 파악

2 위 글의 제목으로 적절한 표현을 본문에서 찾아 6단어 이내로 쓰시오.

_____

낱말 의미 추측

3 다음 설명에 해당하는 단어를 위 글에서 찾아 쓰시오.

> to change direction or course;
> to exchange or replace something with another

_____

Voca Quiz

4 빈칸에 들어갈 단어를 위 글에서 찾아 쓰시오.

a. A _____ shows the days, weeks, and months of a year.

b. He _____ the sign " No Pets!" and entered the store with his dog.

Key Words   a number of 많은   origin 기원, 근원   April Fool's Day 만우절   widely 널리   be related to ~와 관련이 있다   introduction 소개, 도입   calendar 달력   switch 바꾸다 continue 계속하다   observe 지키다   ignore 무시하다   play tricks on ~에게 장난치다 Ⓠ celebrate 기념하다, 축하하다   exchange 교환하다   replace 대체하다

지문 듣기

The idea of having a wedding cake is common all around the world. Originally, a wedding cake was not for eating. It was thrown at the bride. People thought that throwing cake at the bride would bring her good luck. Throwing things at new couples is a common tradition in many countries. In the United States, people traditionally throw rice at the couple as they leave the wedding place. Italians throw candy. In the Czech Republic, people throw peas. The Inuit of North America throw shoes. People in different countries throw different things at new couples, but they all have the same purpose: to wish the new couples good luck.

우리나라의 전통혼례의 폐백에서 왜 밤과 대추를 던질까요? 폐백은 며느리가 처음으로 시부모님께 인사를 드리는 의식입니다. 폐백을 드릴 때 시부모는 대추와 밤을 던져줍니다. 대추는 훌륭한 자식과 다산을 의미합니다. 밤은 인생의 지혜와 고진감래를 의미합니다. 밤송이의 가시와 껍질의 단단함은 살면서 닥칠 풍파에 견디는 힘을 가져야 한다는 의미입니다. 속껍질까지 벗겨야 드디어 고소한 밤 맛을 볼 수 있듯이 인생살이도 그렇게 시련을 이겨내고 나면 마침내 좋은 결과가 있을 것이라는 의미이지요.

Comprehension Check

[제목 파악]

1 위 글의 제목으로 가장 적절한 것은?

① Proper Gifts for Newlyweds
② The Origin of Having a Wedding Cake
③ Cultural Differences in Wedding Customs
④ How Throwing Rice Became a Wedding Tradition
⑤ A Common Wedding Tradition: Throwing Things

[요약문 완성]

2 위 글의 내용을 다음과 같이 요약하고자 한다. 빈칸에 적절한 말을 본문에서 찾아 쓰시오.

In many parts of the world, it's a common tradition to _____ something at a new couple to wish them _____ _____.

[세부 내용 파악]

3 위 글의 내용과 일치하지 <u>않는</u> 것은?

① 결혼 케이크는 원래 신랑에게 던지는 목적으로 사용되었다.
② 미국에서는 전통적으로 신랑과 신부에게 쌀을 던진다.
③ 이탈리아 사람들은 신혼부부에게 사탕을 던진다.
④ 체코에서는 결혼한 부부에게 완두콩을 던지는 것이 전통이다.
⑤ 이누이트족은 신혼부부의 행운을 빌기 위해 신발을 던진다.

Voca Quiz

4 빈칸에 들어갈 단어를 위 글에서 찾아 쓰시오.

a. The _____ of going to school is to learn.
b. On a wedding day, the _____ usually wears a white dress.

Key Words　idea 생각, 아이디어 wedding 결혼(식) common 보편적인, 공통의, 흔한 originally 원래 throw 던지다(-threw-thrown) bride 신부 luck 운, 행운 couple 한 쌍; 부부, 커플 tradition 전통 traditionally 전통적으로 rice 쌀 pea 완두콩 Inuit 이누이트족, 에스키모인들 purpose 목적 ❶ newlyweds 신혼부부

Bolivia's Salar de Uyuni, the world's largest salt flats, is a beautiful sight. ⓐIt was actually ⓑa giant lake about 40,000 years ago. When ⓒit dried up, it left behind tons of salt. However, there is another formation story of ⓓSalar de Uyuni. It's the legend of Aymaran. According to ⓔit, the mountains around the lake were actually giant people — Tunupa and Kusku. They got married but Kusku betrayed Tunupa. Tunupa's tears formed the current salt flats. When it rains, the thin layer of water acts as a mirror and it becomes one of the world's largest mirrors. When the salt flats reflect the sky, you feel like you are walking on clouds!

소금은 건강에 매우 중요한 요소이기 때문에 소금을 쉽게 구할 수 없었던 시절에는 소금이 화폐로 쓰였다고 합니다. 고대 로마에서는 소금을 봉급으로 준 적이 있다고 하는데요. 'Salary(봉급)'와 'Soldier(병사)'라는 단어에서 그 유래를 찾을 수 있습니다.

⟳ 정답과 해설 13쪽

Comprehension Check

1 지칭어 추론

위 글의 밑줄 친 ⓐ~ⓔ 중, 가리키는 것이 나머지 넷과 <u>다른</u> 것은?

① ⓐ   ② ⓑ   ③ ⓒ   ④ ⓓ   ⑤ ⓔ

2 세부 내용 파악

Salar de Uyuni에 대한 설명으로 위 글의 내용과 일치하지 <u>않는</u> 것은?

① 세계에서 가장 큰 소금 사막이다.

② 볼리비아에 위치해 있다.

③ 4만 년 전에는 거대한 호수였다.

④ 거인 부부에 대한 전설이 전해지는 곳이다.

⑤ 거울을 만드는 재료를 얻을 수 있는 곳이다.

3 낱말 의미 추측

다음 빈칸에 공통으로 들어갈 단어를 위 글에서 찾아 쓰시오.

> · I have bad eye _____.
>
> · I love the _____ of the city at night.

4 Voca Quiz

빈칸에 들어갈 단어를 위 글에서 찾아 쓰시오.

a. John _____ me. He took Susie to the dance instead of me!

b. After she watched a sad movie, _____ fell down her cheeks.

Key Words   salt flats 소금 사막 sight 광경; 시력 actually 실제로 giant 거대한 lake 호수 dry up 마르다 behind ~ 뒤에 tons of 엄청난 양의, 다수의 formation 형성 legend 전설 betray 배신하다 tear 눈물 form 형성하다 current 현재의 thin 얇은 layer 층, 막 mirror 거울 reflect 비추다

지문 듣기

Which is the biggest cause of air pollution, cows or cars? Cows! Cows have bacteria in their stomachs. When cows eat grass, these bacteria produce energy. A cow uses the energy in its body, and this creates gas. The cow releases the gas out of its body. This gas makes the earth hotter and causes global warming. Recently, scientists in Argentina have found a way to solve this problem. They can convert the gas from cows into useful energy. Each cow makes 250 to 300 liters of gas a day. If we collect this gas in a tank, we can get a large enough amount of energy to run a refrigerator for 24 hours.

메탄(methane)은 이산화탄소보다 지구 온난화에 미치는 영향력이 훨씬 크다고 합니다. 온난화의 주범으로 이산화탄소를 지목한 이유는 배출량이 매우 많기 때문이고, 지구 온난화 지수만 따진다면 메탄은 이산화탄소의 21배나 된다고 합니다. 메탄은 산불이나 화석연료를 태우는 과정에서 나오지만 배설물과 음식물 쓰레기 같은 유기 물질이 분해될 때도 많이 생깁니다. 특히 소나 양 같은 초식동물이 소화를 위해서 트림이나 방귀를 뀔 때도 다량의 메탄이 배출된다고 하니 소에게 방귀세를 부과해야 한다는 주장에도 힘이 실리고 있습니다. 최근 우리나라에서는 메탄을 에너지원으로 바꾸는 기술을 개발한다고 하니, 머지않아 음식물 쓰레기로 달리는 자동차가 개발되기를 기대합니다.

Comprehension Check

제목 파악

1 위 글의 제목으로 가장 적절한 것은?

① Bacteria Help Cows Keep Healthy

② Are Bacteria Bad for the Environment?

③ What Is the Cause of Climate Change?

④ Gas Is an Important Energy for the Future

⑤ New Power Source: Cow Gas

지칭어 추론

2 위 글의 밑줄 친 this problem이 의미하는 바를 우리말로 쓰시오.

_____

세부 내용 파악

3 위 글을 읽고 답할 수 없는 질문은?

① What do bacteria do in a cow's stomach?

② Why is cow gas bad for the environment?

③ How does cow gas make the earth hot?

④ Who found a way to change cow gas into energy?

⑤ How much gas does a cow produce in a day?

Voca Quiz

4 다음 단어의 뜻풀이를 찾아 연결하시오.

a. release ·   · ① to make something happen

b. cause ·   · ② to let something flow out

c. convert ·   · ③ to make something turn into something else

Key Words   cause 원인; 초래하다   pollution 오염   bacteria 박테리아   stomach 배, 위   produce 생산하다   release 방출하다   global warming 지구 온난화   recently 최근에   convert 전환시키다   useful 유용한   liter 리터   collect 모으다, 수집하다   tank (액체가스를 담는) 탱크   enough 충분한   amount 양   run 작동시키다, 가동시키다   refrigerator 냉장고   ⓝ source 원천, 근원

지문 듣기

Do you agree with the idea that boys are better at math than girls? Look at the following graph which examined hundreds of math-related studies. (ⓐ) As the graph shows, there is almost a complete overlap between the math scores of girls and <u>those</u> of boys. Some girls are even better than boys. (ⓑ) However, because people think math is a "male thing," girls tend to lack interest in it. (ⓒ) How? First, stop saying things like "Women aren't good at math." (ⓓ) Second, provide girls and boys with lots of examples of women who are successful in math-related fields. (ⓔ) By challenging the stereotype, girls can become more interested in math.

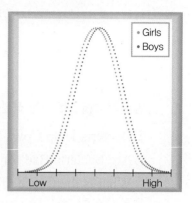

흔히 함수 그래프를 영어로 데카르트 좌표(Cartesian coordinate)라고 표현합니다. 프랑스의 유명한 철학자인 데카르트(1596~1650)는 몸이 약해 침대에 자주 누워 있으면서, 천장에 붙어 있는 파리의 모습을 보고 x축, y축을 대입해 현재의 좌표를 완성했다고 합니다.

1 〔연결 관계 파악〕
위 글의 흐름으로 보아, ⓐ~ⓔ 중 주어진 문장이 들어가기에 가장 적절한 곳은?

> Thus, we need to put a stop to this stereotype.

① ⓐ   ② ⓑ   ③ ⓒ   ④ ⓓ   ⑤ ⓔ

2 〔지칭어 추론〕
위 글의 밑줄 친 those가 가리키는 것을 찾아 쓰시오.

_____

3 〔세부 내용 파악〕
위 글의 내용과 일치하지 <u>않는</u> 것은?

① 여자와 남자의 수학 점수 차는 거의 없었다.

② 몇몇 여자아이들은 남자아이들보다 수학을 더 잘한다.

③ 수학은 남자가 잘한다는 편견으로 인해 여자는 수학에 대한 흥미가 적다.

④ 수학 점수가 낮은 여자아이들에게 지속적으로 수학 점수를 상기시켜줘야 한다.

⑤ 편견을 없애기 위해서 수학 관련 분야에서 여자들의 성공 사례를 많이 제공해야 한다.

4 〔Voca Quiz〕
빈칸에 들어갈 단어를 위 글에서 찾아 쓰시오.

a. It is a _____ that women should be thin.

b. _____ people often fail, but they aren't afraid of failure.

Key Words   agree with ~에 동의하다   following 다음의, ~에 따르는   graph 그래프   examine 검토하다, 조사하다   study 연구   complete 완벽한   overlap 겹침   score 점수   lack 부족하다   interest 관심, 흥미   be good at ~을 잘하다   provide 제공하다   example 예, 사례   successful 성공적인   challenge 이의를 제기하다   stereotype 고정관념
ⓝ thin 마른   failure 실패

지문 듣기

Can you find the invisible man in the photo? Liu Bolin likes to hide. You won't even know he's there! He asked some artists and photographers to help him. First, the artists painted the clothes that he was wearing. On his clothes, they painted the shelf which stood behind him. They carefully drew every soda can exactly. Then they painted his face and his shoes. Finally, the photographers took hundreds of photos to get the perfect one. As you see, they made him part of the background. The work was very hard and took more than 10 hours. But they were happy with their magic!

중국 산둥성에서 태어난 예술가 리우 볼린(Liu Bolin)은 보디 페인팅으로 주변 환경과 구분되지 않도록 위장하는 작업을 주로 하는 아티스트입니다. 그는 사진, 보디 아트, 광학 아트 및 조각 등의 방법을 결합하여 배경 속으로 사라지는 예술을 선보입니다. 그의 작품을 통해 사회 집단 속에서 개인이 어떻게 상실되어 가는지 보여주는 비판정신을 엿볼 수 있습니다.

Comprehension Check

제목 파악

1 위 글의 제목으로 가장 적절한 것은?

① A Mistake Made a Wonderful Photo
② A New Computer Skill to Take Photos
③ The Mistakes That Our Eyes Often Make
④ Who is Better, an Artist or a Photographer?
⑤ A Man Who Is There but Cannot Be Found

지칭어 추론

2 밑줄 친 their magic이 의미하는 바를 우리말로 쓰시오.

_____

세부 내용 파악

3 위 글의 내용과 일치하지 <u>않는</u> 것은?

① Liu Bolin은 화가들과 사진가들의 도움을 받았다.
② 화가들은 제일 먼저 Liu Bolin의 옷에 그림을 그렸다.
③ 화가들은 한 장의 그림을 완성하기 위해 수백 번 다시 그렸다.
④ 완성된 사진에서 Liu Bolin은 배경의 일부로 보인다.
⑤ 모든 작업을 완성하는 데 10시간 넘게 걸렸다.

Voca Quiz

4 다음 단어의 뜻풀이를 찾아 연결하시오.

a. shelf ・ ・① the power to make impossible things happen
b. background ・ ・② a piece of wood on the wall to keep things on
c. magic ・ ・③ things in a picture which are behind the main thing

Key Words   invisible 보이지 않는   photo 사진   hide 숨다   artist 예술가, 미술가   photographer 사진사   paint 그리다, 색칠하다   clothes 옷   shelf 선반   behind ~의 뒤에   carefully 신중히, 정성 들여서   exactly 정확하게   hundreds of 수백의   perfect 완벽한   part 부분, 일부   background 배경   magic 마술

지문 듣기

National flags have various symbols and different colors and shapes. Most of us expect the shape of a flag to be a rectangle. _____, the national flag of Nepal is not a rectangle. It looks like a tree that is cut in half without a trunk. The flag of Switzerland is square. It's red with a white cross in the middle. The Red Cross organization uses the Swiss flag, but with a white flag and red cross. This is in honor of the founder of the Red Cross, who was a Swiss citizen. Every national flag symbolizes what each country values, so it is meaningful to them.

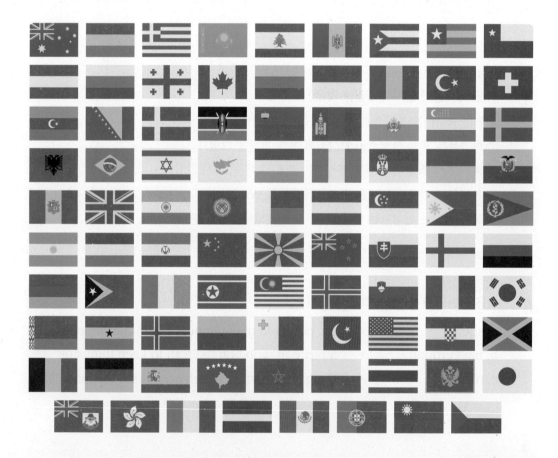

미국의 국기는 13개의 빨간색과 하얀색 가로선이 교차하여 그어진 바탕에, 사각형이 있고 그 안에 50개의 흰색 별이 있다. 13개의 가로선은 미국 초기 연방주를 뜻하며, 50개의 별은 현재 미국의 총 연방주의 수를 뜻한다.

⊃ 정답과 해설 17쪽

[연결 관계 파악]

1 위 글의 빈칸에 들어갈 말로 가장 적절한 것은?

① Finally   ② However   ③ Therefore

④ As a result   ⑤ Nevertheless

[요약문 완성]

2 위 글을 다음과 같이 요약할 때, 빈칸에 적절한 말을 위 글에서 찾아 쓰시오.

National flags are different in many ways. For example, most national flags are a _____ but the Swiss flag is a _____ .

[세부 내용 파악]

3 위 글의 내용과 일치하지 <u>않는</u> 것은?

① 네팔 국기는 직사각형 모양이다.

② 스위스 국기는 정사각형 모양이다.

③ 스위스 국기의 바탕색은 빨간색이다.

④ 적십자사 마크의 십자가는 빨간색이다.

⑤ 적십자사 마크는 창시자 나라의 국기를 응용한 것이다.

Voca Quiz

4 빈칸에 들어갈 단어를 위 글에서 찾아 쓰시오.

a. There are 50 stars on the _____ of the United States.

b. A _____ is a shape which has four equal sides.

Key Words   national flag 국기   various 여러 가지의, 다양한   symbol 상징   shape 모양, 형태   expect 예상하다, 기대하다   rectangle 직사각형   cut in half 반으로 자르다   trunk 나무의 몸통   square 정사각형   organization 단체, 조직, 기구   in honor of ~을 기념하여   founder 설립자   citizen 시민   symbolize 상징하다   value 가치 있게 여기다   meaningful 의미 있는

지문 듣기

How did the ancient Romans get water? They built huge and long aqueducts. These aqueducts were usually made of stone, brick, and cement, and they brought fresh water for drinking and bathing from springs or rivers. They also carried away used water and waste. When the water got to a city through aqueducts, it flowed into a main tank. From this tank, the water flowed through lead pipes to public fountains, baths, and some private homes within the city. _____ lead is toxic, Romans did not die in great numbers because the water was constantly running in the pipes.

로마의 건축은 그리스와는 달리 실용성을 추구했다고 합니다. 그래서 바실리카, 극장, 경기장, 별장, 목욕탕, 수도, 도로와 같은 다양한 용도의 건축물을 인류 역사에 남겼습니다. 특히 로마시대 건축물로 원형 경기장인 콜로세움(the Colosseum)이 유명한데요. 콜로세움은 규모뿐만 아니라 각종 부속 건물에서도 현대의 시설과 비교할 때 뒤처지지 않는다고 하니 당시 로마의 국력이 얼마나 강했는지 짐작할 수 있게 하는 대표적인 건축물입니다.

Comprehension Check

1
연결 관계 파악

위 글의 빈칸에 들어갈 말로 가장 적절한 것은?

① If   ② When   ③ Before

④ Although   ⑤ Because

2
낱말 의미 추측

위 글의 밑줄 친 aqueducts의 의미로 가장 적절한 것은?

① large pipes that carry water to a city

② bricks that are used for building walls

③ huge containers that you fill with water

④ buildings that have pipes, baths, and toilets

⑤ large bowls with a hole that are connected to a water system

3
요약문 완성

위 글을 다음과 같이 요약할 때, 빈칸에 알맞은 말을 위 글에서 찾아 쓰시오.

> With the help of _____, the ancient Romans brought _____
> from outside sources into cities and towns.

4
Voca Quiz

다음 단어의 뜻풀이를 찾아 연결하시오.

a. public   ·   · ① all the time

b. flow   ·   · ② relating to all the people in a particular country

c. constantly ·   · ③ to move continuously

Key Words
ancient 고대의   aqueduct 송수로   brick 벽돌   cement 시멘트   spring 샘   carry away 나르다, 운반하다   flow into ~로 흘러들어가다   lead 납   public 공공의   fountain 분수   private 개인적인, 사적인   toxic 독성이 있는   in great numbers 다수로 constantly 계속해서   ⓠ container 용기   connect 연결하다

지문 듣기

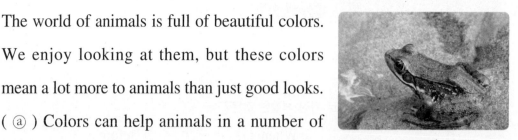

The world of animals is full of beautiful colors. We enjoy looking at them, but these colors mean a lot more to animals than just good looks. (ⓐ) Colors can help animals in a number of ways. For example, a toad is the same color as the rocks around it. When it sits still, it looks like a rock. (ⓑ) This helps to protect it from enemies like snakes. (ⓒ) (hunt, its, also, color, helps, it, to) Since the toad looks like a rock, insects may not see it and come close. (ⓓ) Monarch butterflies are very colorful. They taste bad to birds and make them sick. (ⓔ) So, the bright colors of the butterflies protect them by reminding birds to look for a tastier meal instead.

*Monarch butterfly 왕나비

곤충에게만 보호색이 있는 것이 아닙니다. 군인들도 보호색 옷을 입는답니다. 1960년대 독자적인 군복의 형태를 갖춘 우리나라는 단색 군복을 착용하였습니다. 단색 군복에서 '얼룩무늬' 군복으로 바뀐 것은 1990년대입니다. 얼굴무늬 위장색은 우리나라의 4계절과 산림, 토양, 기후 등을 세심히 연구해서 검은 색, 녹색, 갈색, 모래 색을 2:3:3:2의 비율로 패턴을 만들어서 군복에 적용하였습니다. 2006년에는 지금의 '디지털무늬' 군복이 공개되었는데요, 흙색, 침엽수색, 수풀 색, 나무줄기 색, 목탄색 등 우리나라에서 흔히 볼 수 있는 화강암을 응용한 '디지털 5도색'을 적용했다고 합니다. 전투 시 적에게 노출되면 안 되는 만큼 군복의 색깔을 결정하는 데 세심한 노력을 했다는 것을 알 수 있습니다.

Comprehension Check

1 〔 연결 관계 파악 〕

위 글의 흐름으로 보아, ⓐ~ⓔ 중 주어진 문장이 들어가기에 가장 적절한 곳은?

> In contrast, some animals have very visible colors.

① ⓐ   ② ⓑ   ③ ⓒ   ④ ⓓ   ⑤ ⓔ

2 〔 어구의 활용 〕

위 글의 밑줄 친 (hunt, its, also, color, helps, it, to)를 바른 순서로 배열하시오.

_____

3 〔 문장 완성 〕

위 글의 내용과 일치하도록 다음 빈칸에 적절한 말을 위 글에서 찾아 쓰시오.

> The _____ of animals help them in many ways. Sometimes they
> help to _____ animals from enemies. They also help animals to
> _____.

4 〔 Voca Quiz 〕

빈칸에 들어갈 단어를 위 글에서 찾아 쓰시오.

a. Thank you for _____ me to send the letter. I almost forgot.

b. Loud music is not good for your ears. When you listen to music, turn the
volume down to _____ your ears.

Key Words   be full of ~로 가득 차다   mean 의미하다   a number of 다수의   toad 두꺼비   rock 바위   still 움직이지 않는, 조용한   protect 보호하다   enemy 적   insect 곤충, 벌레   remind 상기시키다, 알려주다   look for ~을 찾다   tasty 맛있는   meal 식사   ⓠ in contrast 반대로, 대조적으로   visible 뚜렷한

지문 듣기

What makes you angry? Unlucky situations? Or people who do bad things to you? You might feel that these things make you angry because you respond to them with anger. (ⓐ) They just make you think! (ⓑ) When something uncomfortable happens, you start to have different kinds of ideas. (ⓒ) Some of the ideas are full of worry or blame. (ⓓ) Then, you become upset. (ⓔ) That is, only you can make yourself angry. So, if you want to control your anger, please remember that your own _____ make you angry. And try to see the bright side of things.

친구들과의 불화, 성적 문제와 상급 학교로의 진학, 부모와의 관계 등 어느 나이 또래보다 스트레스를 많이 받는 것이 바로 우리나라의 10대입니다. 최근 연구 결과에 의하면 우리나라의 많은 학생들은 맵고 짜고 단 음식을 통해 스트레스를 해소한다는 것이 밝혀졌습니다. 하교 후 혹은 학원 전후로 짧은 시간에 자극적인 음식의 반복적인 섭취가 복통과 소화불량 그리고 복부 팽만감으로 이어져 결국은 '과민성 대장 증후군'으로 이어져 병원을 찾게 된다고 합니다. 많은 전문의들은 적당한 운동과 휴식 그리고 규칙적인 식사와 더불어 과식을 피할 때 스트레스는 더 잘 해소된다고 합니다.

Comprehension Check

빈칸 추론

1 위 글의 빈칸에 들어갈 말로 가장 적절한 것은?

① events ② results ③ thoughts
④ experiences ⑤ differences

연결 관계 파악

2 위 글의 흐름으로 보아, ⓐ~ⓔ 중 주어진 문장이 들어가기에 가장 적절한 곳은?

> However, scientists say that they actually don't make you angry.

① ⓐ ② ⓑ ③ ⓒ ④ ⓓ ⑤ ⓔ

제목 파악

3 위 글의 제목으로 가장 적절한 것은?

① How to Control Anger
② The Results of Anger
③ The Real Cause of Anger
④ The Importance of a Bright Mind
⑤ Various Unhappy Situations

Voca Quiz

4 다음 단어의 뜻풀이를 찾아 연결하시오.

a. situation ·   · ① to say or to act on something that has happened or been said

b. respond ·   · ② a thing that happens in a place at a specific time

c. result ·   · ③ a thing that happens because of something else

Key Words unlucky 불행한 situation 상황 respond 반응하다 anger 분노 uncomfortable 불편한 happen (일이) 일어나다 be full of ~로 가득차다 blame 비난 upset 화난 that is 즉 control 조절하다 own 자신의 see the bright side 밝은 면을 보다, 긍정적인 면을 생각하다 ⓝ actually 실제로 cause 원인, 이유 various 여러 가지의, 다양한 specific 특정한

In 1974, a partially recovered skeleton was found in Ethiopia. It was named Lucy. According to scientists, she lived about 3.2 million years ago. Lucy is very important in archeology because she is very complete. Other skeletons aren't as complete as Lucy. In addition, it is said that she is the last common ancestor between humans and chimpanzees. Scientists reconstructed the skeleton and found that Lucy was about 1.1 meters tall and weighed about 29 kilograms. More importantly, Lucy walked upright. She is one of the earliest skeletons to clearly show the evolution of that motion.

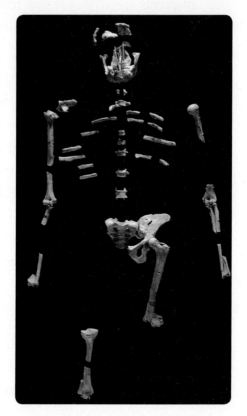

'고고학'하면 동굴이나 무덤 주변에서 먼지를 뒤집어 쓰고, 유적지를 따라 이곳 저곳을 돌아다니는 직업이라고 생각하기 쉽지만, 오늘날의 고고학은 '현장' 작업 못지않게 유전자 분석과 같이 실험실에서 첨단 기기와 씨름하는 모습을 자주 보여줍니다. 특히 DNA 분석과 방사선 분석은 유골의 연대뿐만 아니라 인종, 나이까지 추정할 수 있으며 직업, 심지어 살아생전에 걸렸던 병까지 추론하는 기술까지 발전했습니다.

1 지칭어 추론

위 글의 밑줄 친 that motion이 가리키는 것을 우리말로 쓰시오.

_____

2 요약문 완성

위 글의 내용을 다음과 같이 요약할 때, 빈칸에 적절한 말을 위 글에서 찾아 쓰시오.

> In terms of human _____ of walking upright, _____ is a very important piece of evidence.

3 세부 내용 파악

Lucy에 관한 위 글의 내용과 일치하지 <u>않는</u> 것은?

① 부분적으로 복구된 골격에 붙여진 이름이다.

② 1974년 에티오피아에서 발견되었다.

③ 3,200년 전에 산 것으로 추정된다.

④ 인간과 침팬지의 공동 조상인 것으로 여겨진다.

⑤ 키가 1.1미터이고 몸무게가 29킬로그램 정도이다.

4 Voca Quiz

빈칸에 들어갈 단어를 위 글에서 찾아 쓰시오.

a. This diet program is _____. It has all the necessary types of food.

b. Both brothers are interested in taking photos. They have a _____ hobby.

Key Words   partially 부분적으로   recovered 복구된   skeleton 뼈대, 골격, 해골   according to ~에 의하면   million 백만(1,000,000)   archeology 고고학   complete 완전한, 완벽한   in addition 게다가   common 공동의, 공통의   ancestor 조상   reconstruct 재건하다   weigh 무게가 ~이다   upright 직립하여, 수직으로   clearly 명확하게   evolution 진화   motion 움직임   ❶ in terms of ~ 면에서   evidence 증거

지문 듣기

I have often thought that it would be a blessing if each human being were blind and deaf for a few days at some time during his early adult life. _____(A)_____ would make him more appreciative of sight; _____(B)_____ would teach him the joys of sound. Now and then I have tested my seeing friends to discover what they see. Recently a friend visited me when she just returned from a long walk in the woods. And I asked her, "What did you see?" "Nothing in particular," she replied. I couldn't believe it if I weren't accustomed to such responses. But I know her reply was true, since long ago I realized that the seeing people see little.

written by Helen Keller

대학 강좌에 '눈(eyes)을 사용하는 방법'을 개설해야 한다고 주장하면서 간절하게 보길 바랐던 헬렌 켈러! 다음은 그녀가 쓴 유명한 책 중 하나인 '사흘만 볼 수 있다면(Three days to see)'이라는 책의 한 구절입니다.
"그저 만져보는 것만으로도 이렇게나 큰 기쁨을 얻을 수 있는데, 눈으로 직접 보면 얼마나 더 아름다울까! 그런데도 볼 수 있는 눈을 가진 사람들은 그 아름다움을 거의 보지 못하더군요."

Comprehension Check

빈칸 추론

1 위 글의 빈칸 (A), (B)에 들어갈 말로 가장 적절한 것은?

	(A)		(B)
①	Darkness	·····	silent
②	Darkness	·····	silence
③	Darkness	·····	deaf
④	Blind	·····	silence
⑤	Blind	·····	silent

어구 의미 추측

2 위 글의 밑줄 친 the seeing people see little의 의미를 우리말로 쓰시오.

_____

요지 파악

3 위 글의 요지를 다음과 같이 나타낼 때, 빈칸에 적절한 말을 쓰시오.

> We should be thankful that we can _____ and _____ .

Voca Quiz

4 다음 단어의 뜻풀이를 찾아 연결하시오.

a. blind · · ① to learn something that you did not know about before

b. discover · · ② unable to see

c. return · · ③ to go back to a place after you have been away

Key Words   blessing 축복   blind 눈이 먼, 장님의   deaf 귀가 먼, 청력을 잃은   adult 성인 appreciative 감사하는   sight 시력   discover 발견하다   recently 최근에   return 되돌아오다   woods 숲   particular 특별한   be accustomed to ~에 익숙해지다 response 반응   realize 깨닫다

지문 듣기

When animals are born, they are usually raised by their mothers. But we found some _____ animal dads. (ⓐ) A father Darwin frog has a pocket in his mouth. He keeps his babies in the pocket until they grow big enough. (ⓑ) He can eat and do other things even when his babies are in his mouth. (ⓒ) When they lose their tails and become tiny frogs, they jump out of his mouth. (ⓓ) When a baby marmoset is born, its father cleans it and takes care of it. When the baby wants to drink its mother's milk, he takes it to its mother. (ⓔ) Once the baby starts to eat food, the father will feed it.

*Darwin frog 다윈코개구리

OECD가 발표한 자료에 의하면 한국인 아빠들이 아이들과 함께하는 시간이 하루에 6분이라고 하니 OECD의 평균인 47분에 비하면 '아빠 육아'가 턱없이 부족합니다. 특히 아빠의 육아 참여가 아이의 사회성 형성에 큰 도움이 된다고 하므로 보다 적극적인 아빠의 육아 참여가 필요하다고 하겠습니다.

⊃ 정답과 해설 23쪽

1
〔 빈칸 추론 〕
위 글의 빈칸에 들어갈 말로 가장 적절한 것은?

① young ② poor ③ lonely
④ unusual ⑤ popular

2
〔 연결 관계 파악 〕
위 글의 흐름으로 보아, ⓐ~ⓔ 중 주어진 문장이 들어가기에 가장 적절한 곳은?

A marmoset, a small South American monkey, is another example.

① ⓐ ② ⓑ ③ ⓒ ④ ⓓ ⑤ ⓔ

3
〔 세부 내용 파악 〕
위 글의 내용과 일치하는 것은?

① 대부분의 동물들은 아빠가 새끼를 돌본다.
② 다윈코개구리는 꼬리를 뗄 때까지 아빠의 입속에서 지낸다.
③ 아빠 다윈코개구리는 새끼가 자랄 때까지 음식을 먹지 않는다.
④ 갓 태어난 마모셋 새끼는 어미가 씻겨서 젖을 먹인다.
⑤ 마모셋 새끼가 걷기 시작하면 아빠가 먹이를 먹인다.

4
〔 Voca Quiz 〕
다음 단어의 뜻풀이를 찾아 연결하시오.

a. clean ·　　　　· ① to have something in a certain place
b. lose ·　　　　· ② to wash something that is dirty
c. keep ·　　　　· ③ to cut off from the body or not to have anymore

Key Words　be born 태어나다 usually 대개 raise ~을 기르다 pocket 주머니 tail 꼬리 tiny 작은 out of ~ 밖으로 take care of ~을 돌보다 take A to B A를 B에게 데려가다 once 일단 ~하면 feed (먹이를) 먹이다 ⓠ unusual 특이한 another 또 다른 example 예

지문 듣기

In a conversation, you often need to share important information. It's good to get to the point. Let's say you talk about your family trip to your classmates.

(A) Instead, they want to hear the interesting parts of your story, such as the fun things that you did at the lake. Without a clear point, listeners cannot easily understand or follow the story.

(B) How do they feel? Bored! They don't care about the hole and don't want to get lost in the story, either.

(C) You say, "We went to the lake, and as we were driving, there was a hole in the road, not a big one. It was about this big, not a deep one ...."

학교 폭력과 따돌림을 해결할 수 있는 방법으로 1983년 미국 롱아일랜드 브라이언트 고등학교에서 생긴 '또래중조' 개념이 주목받고 있습니다. '또래중조'는 친구들 사이에서 발생되는 갈등을 또래가 조정자가 되어 대화를 통해 해소되도록 돕는 활동을 말합니다. 우리나라도 2011년 도입되어 각 급 학교에서 친구들 사이에 갈등을 해소하는 방법으로 활용되고 있습니다. 갈등이 발생되었을 경우 당사자 간 소통하지 않거나 힘을 통해 해소하는 경우 더 큰 폭력으로 번지기 쉽습니다. 또래의 도움을 얻어 대화와 협상을 하는 '또래중조'는 평화적으로 이해관계를 조정하고 공통의 합의를 이끌어 낼 수 있는 좋은 대화의 기술입니다.

Comprehension Check

전후 관계 파악

1 위 글의 흐름상 (A)~(C)를 바르게 배열한 것은?

① (A) – (C) – (B)   ② (B) – (A) – (C)   ③ (B) – (C) – (A)

④ (C) – (A) – (B)   ⑤ (C) – (B) – (A)

요지 파악

2 위 글의 요지로 가장 적절한 것은?

① You should say important information.

② You should practice a lot when giving a speech.

③ Everyone needs the same chance to speak.

④ Listening is important when you have a conversation.

⑤ Listeners want to hear new and interesting information.

제목 파악

3 위 글의 제목을 아래와 같이 나타낼 때, 빈칸에 적절한 말을 위 글에서 찾아 쓰시오.

The Art of Effective _____ : Get Straight to the _____

Voca Quiz

4 빈칸에 들어갈 단어를 위 글에서 찾아 쓰시오.

a. What's the _____ of her speech? I don't know what she wants to say.

b. They felt _____ with playing at home, so they went outside and had fun.

Key Words   conversation 대화   share 공유하다   information 정보   get to the point 요점을 말하다   instead 대신에   lake 호수   without ~이 없으면   clear 분명한   follow 따라가다, 이해하다   bored 지루한   care about ~에 관심을 가지다   hole 구멍   get lost 길을 잃다   either 또한   deep 깊은

지문 듣기

Halley was a research station in the Antarctic. It was founded in 1956 by a British expedition. The expedition decided to set up their base at Halley Bay. The latest station, ⓐHalley 6, was opened in 2013. There have been five previous bases at Halley. They have tried various construction methods. The first four were all buried by snow and crushed. Halley 6 is a string of 8 modules. ⓑIt is built on ice. The ice moves 400 meters every year and ⓒthe structure moves with ⓓit. Halley 6 is on skis so people can move it back to the right place. Then, how did they construct ⓔthe station?

1956년 설립된 이래로 핼리(Halley) 기지에서 오존 측정과 기상 측정이 이루어졌습니다. 이러한 장기간의 자료를 통해 영국 과학자들이 1985년에 오존층의 구멍을 발견할 수 있게 되었던 것이지요. 핼리 기지에서는 전형적인 겨울 기온이 영하 20℃ 이하이고 최저 기온은 영하 55℃에 이릅니다.

➲ 정답과 해설 25쪽

Comprehension Check

1 지칭어 추론

위 글의 밑줄 친 ⓐ~ⓔ 중, 가리키는 것이 나머지 넷과 <u>다른</u> 것은?

① ⓐ   ② ⓑ   ③ ⓒ   ④ ⓓ   ⑤ ⓔ

2 세부 내용 파악

위 글의 내용으로 보아, Halley 6 기지의 모듈이 서 있는 모습으로 가장 적절한 것은?

①    ②   ③    ④   ⑤

3 이어질 내용 추측

위 글 다음에 이어질 내용으로 가장 적절한 것은?

① Halley 기지의 역사
② Halley 6에서의 생활
③ Halley 6가 건설된 방법
④ Halley 6가 수행하는 연구
⑤ Halley 6가 설치된 곳의 환경

Voca Quiz

4 빈칸에 들어갈 단어를 위 글에서 찾아 쓰시오.

a. Air pollution is getting worse. We have to do some _____ about its causes.

b. The dog _____ the bone in the ground, but the other dog found it.

Key Words   research 연구, 조사   Antarctic 남극   found 설립하다   British 영국의   expedition 탐험대   set up 세우다   base 기지, 근거지   bay 만   previous 이전의   various 다양한   construction 건설   method 방법   bury 묻다, 매장하다   crush 으스러뜨리다   string 줄, 일련   module 모듈(독자적 기능을 가진 기본 단위)   structure 구조물   construct 건축하다

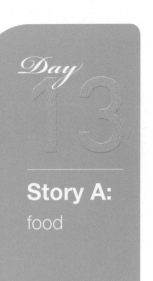

David George Gordon, an insect expert, is famous for his special taste for food. When he studied world cultures, he found that people have been eating insects for a long time. (ⓐ) So, he started to ask himself "Why not eat insects?" and started cooking them. (ⓑ) His favorite insect snack is the wax worm. (ⓒ) It is often sold as food for fish or pet lizards. (ⓓ) He says it tastes sweet because it feeds on honeycombs in the wild. (ⓔ) When he cooks for an audience, he often invites kids and they cook together. Sometimes he finds that kids who eat grasshoppers don't like mushrooms. He says, "Tastes are all _____. Your favorite food is not so tasty to others."

*wax warm 벌집나방 애벌레

징그럽게 보이지만 미래 식량의 1순위는 '곤충'이라고 주장하는 사람들도 있습니다. 우리나라도 애벌레나 '밀웜(mealworm)'이라고도 불리는 갈색거저리 유충들은 이미 식품 원료로 등록되어 있습니다. 식용 곤충은 모양에서 거부감을 느낄 수도 있지만, 곤충 형태 그대로보다 분말로 가공하기 때문에 식품이기보다는 영양소에 더 가깝다고 할 수 있죠. 특히 곤충 분말은 순수 단백질 함량이 50~60%로 소고기와 돼지고기보다 높아 고단백 환자식이나 위장 질환식에서 각광을 받고 있습니다.

1 빈칸 추론

위 글의 빈칸에 들어갈 말로 가장 적절한 것은?

① simple ② similar ③ different

④ terrible ⑤ healthy

2 연결 관계 파악

위 글의 흐름으로 보아, ⓐ~ⓔ 중 주어진 문장이 들어가기에 가장 적절한 곳은?

> Insects are rich in protein and full of minerals and vitamins.

① ⓐ ② ⓑ ③ ⓒ ④ ⓓ ⑤ ⓔ

3 세부 내용 파악

다음 질문에 대한 적절한 답을 위 글에서 찾아 쓰시오.

> Q: An insect expert, David George Gordon, said that the wax worm tastes sweet. Why does it taste sweet?
> A: Because _____.

4 Voca Quiz

빈칸에 들어갈 단어를 위 글에서 찾아 쓰시오.

a. A spider makes its web to catch flying _____ like butterflies and bees.

b. The _____ in the concert hall was moved by her songs and gave her a big hand.

Key Words   insect 곤충 expert 전문가 special 특별한 taste 입맛, 취향 culture 문화 for a long time 오랫동안 snack 간식 lizard 도마뱀 sweet 단맛이 나는 feed on ~을 먹고 살다 honeycomb 벌집 in the wild 야생에서 audience 청중, 관객 grasshopper 메뚜기 mushroom 버섯 tasty 맛있는 ❶ terrible 형편없는 protein 단백질 mineral 미네랄, 무기질

지문 듣기

Every student has stress. They have to work hard for good grades and deal with family-and friend-related problems. But these things cannot justify the addiction towards some things such as computer games, smartphones and the Internet because there are much healthier and more valuable ways to relieve stress. If you are a student who is addicted to at least one of these three things, you must try hard to overcome these addictions as soon as possible. It is not only for now, but for the future. Be cautious about computer games, smartphones and the Internet. If you don't control your actions, you will have trouble dealing with future problems.

스마트폰, 노트북, 태블릿과 무선 인터넷 접속성이 증가하면서 주의력 결핍, 불안감 증가, 주변 환경에 대한 인식 저하, 생산성 감소 등 다양한 문제가 발생됩니다. 이로 인해 일시적으로 스마트폰과 컴퓨터 같은 통신 기술 사용을 자제하고자 하는 디지털 디톡스를 시도하는 사람들이 늘고 있습니다. 디지털 디톡스를 통해 스트레스를 줄이고, 사회적인 상호작용을 더 많이 하며, 더욱 자연 친화적으로 사는 기회를 갖게 됩니다.

Comprehension Check

1 주제 파악

위 글의 주제로 가장 적절한 것은?

① overcoming addictions to benefit the future

② finding methods to get rid of stress

③ problems that every student has

④ useful technology for students

⑤ effects of computer games, smartphones and the Internet

2 세부 내용 파악

다음 질문에 대한 답을 완전한 문장으로 쓰시오.

> Q: According to the passage, if we want to be able to deal with future problems, what should we do?
>
> A: _____

3 낱말 의미 추측

다음 두 가지 의미를 가지는 단어를 위 글에서 찾아 쓰시오.

> · to show that something is right or reasonable
> · to give an explanation for: to give reasons for

_____

4 Voca Quiz

빈칸에 들어갈 단어를 위 글에서 찾아 쓰시오.

a. I play computer games every day and can't stop playing them. I have an _____ to them.

b. If we want to describe something very important, we can use the word '_____.'

Key Words   stress 스트레스 grade 성적, 점수 deal with 처리하다 justify 정당화하다 addiction 중독 towards ~을 향해, ~쪽으로 valuable 가치 있는, 귀중한 relieve 완화하다, 풀다 at least 적어도 overcome 극복하다 cautious 조심스러운, 신중한 action 행동 ⓝ benefit 유익하다 get rid of ~을 제거하다 reasonable 타당한

지문 듣기

Real hockey pucks are made of rubber. But if you're only playing hockey for fun, almost anything will <u>do</u>. This was especially true in the early days of hockey.

(A) Another kind of puck was made of wood. It was better and cheaper. But people finally found a new source of pucks that was absolutely free.

(B) Back then, a piece of coal was used as a puck. But soon people wanted to use some other things instead, because coal was valuable and easily broke apart.

(C) Believe it or not, people often used a frozen piece of horse dung. Since horses pulled carts on every city street at that time, people could find it anywhere.

퍽(puck)은 주로 하키에서 사용되는 볼의 일종이며 가황 처리된 경질 고무제의 원반입니다. 일반적인 퍽의 두께는 1인치(2.54cm), 직경은 3인치(7.62cm), 무게는 5.5에서 6온스(156~170g)입니다. 퍽이라는 말을 사용하게 된 기원은 명확하지 않습니다. 메리엄-웹스터 영어 사전에 따르면 동사 "puck"은 '막대 모양의 물건으로 찌르다'라는 의미이며, 아일랜드 식 하키인 헐링(Hurling)에서 사용된 용어에서 유래한 것으로 추측하기도 합니다.

Comprehension Check

전후 관계 파악

1 위 글의 흐름상 (A)~(C)를 바르게 배열한 것은?

① (A) – (B) – (C) ② (B) – (A) – (C) ③ (B) – (C) – (A)

④ (C) – (A) – (B) ⑤ (C) – (B) – (A)

제목 파악

2 위 글의 제목을 아래와 같이 나타낼 때, 빈칸에 적절한 말을 위 글에서 찾아 쓰시오.

Changes in the _____ of _____ _____

낱말 의미 추측

3 위 글의 밑줄 친 do와 같은 의미로 쓰인 것은?

① These shoes won't do for the party.

② They are free to do as they please.

③ There's nothing we can do about it.

④ I usually do the dishes on weekends.

⑤ I have a number of things to do today.

Voca Quiz

4 빈칸에 들어갈 단어를 위 글에서 찾아 쓰시오.

a. I'm _____ finished with my reading homework. I only have one page to read.

b. Ice is just _____ water.

Key Words   hockey puck 하키용 퍽 rubber 고무 for fun 재미로 almost 거의 especially 특히 wood 나무, 목재 source 공급원, 원천 absolutely 완전히 coal 석탄 instead 대신에 valuable 귀중한, 값비싼 break apart 부서지다 frozen 언, 얼어붙은 dung 분뇨, 똥 since ~하기 때문에 pull 끌다 cart 수레 street 거리 anywhere 어디서든

지문 듣기

Before exercising, stretching is essential. _____ you don't know how to stretch, here are some tips to help you. First, stand up straight. Then bend your left knee, and put your left foot on your right thigh. Next, put your palms together in front of your chest and stretch your arms up to the sky. Breathe deeply for ten seconds. After that, lie on a mat. Bend your knees to your chest and put your hands around them. Now, lower your head so you can see your belly. Stay still for 5 seconds. Put your arms on the mat and release both legs. Lastly, straighten your legs and arms upward, and after 5 seconds lower them on the floor. Get started on basic stretching!

우리의 몸은 움직임과 관련해서 근육, 인대, 힘줄에 의존합니다. 이러한 조직은 시간이 지남에 따라 굳어질 수 있으며, 이에 따라 움직임의 범위가 줄어들고 부상의 위험이 높아집니다. 스트레칭은 이러한 문제를 해결하는 데 도움이 될 수 있습니다. 운동 전뿐만 아니라, 운동이나 신체 활동을 하지 않는 날에도 규칙적으로 스트레칭을 하는 것이 좋습니다.

Comprehension Check

➲ 정답과 해설 29쪽

연결 관계 파악

1 위 글의 빈칸에 들어갈 말로 가장 적절한 것은?

① If ② After ③ Even
④ So ⑤ Before

제목 파악

2 위 글의 제목으로 가장 적절한 것은?

① The Importance of Exercising
② How to Build Muscle
③ How Long You Should Stretch
④ The Benefits of Regular Stretching
⑤ Simple and Easy Tips for Stretching

전후 관계 파악

3 위 글에 제시된 운동의 순서대로 다음 그림을 바르게 배열하시오.

ⓐ
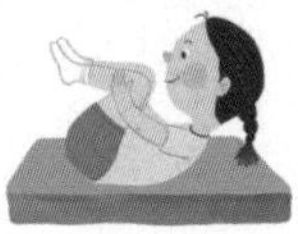
ⓑ
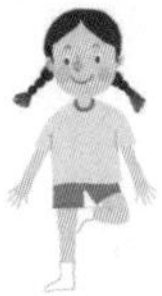
ⓒ
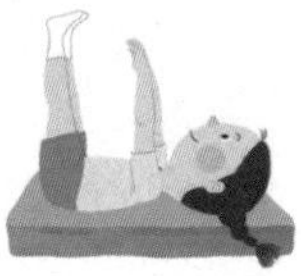
ⓓ
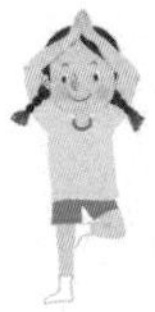

__________ → __________ → __________ → __________

Voca Quiz

4 빈칸에 들어갈 단어를 위 글에서 찾아 쓰시오. (필요한 경우 형태를 바꿀 것)

a. Money is not __________ to happiness.
b. __________ are the upper parts of your legs, between your knees and your hips.

Key Words essential 필수적인 tip 조언, 비결 bend 구부리다(-bent-bent) knee 무릎 thigh 허벅지 palm 손바닥 in front of ~ 앞에 chest 가슴 breathe 숨쉬다 deeply 깊게 lie 눕다 lower 낮추다 belly 배 release 풀어주다 straighten 똑바르게 하다 basic 기본적인

지문 듣기

What do you want for your birthday? A new cell phone? Or a dress? Kristen received a very special gift on her 39th birthday. She wanted to get a little shiny thing for her birthday, like a ring or a necklace. ⓐBut her co-workers wanted to give her a lot bigger thing which shined brightly. ⓑSomething shiny is not always good for giving as a gift. ⓒThey decided to wrap everything in her office with foil, such as her desk, printer and pens. ⓓIt took about two hours and they used up two rolls of foil. ⓔKristen liked this surprising gift and thanked her co-workers for their hard work.

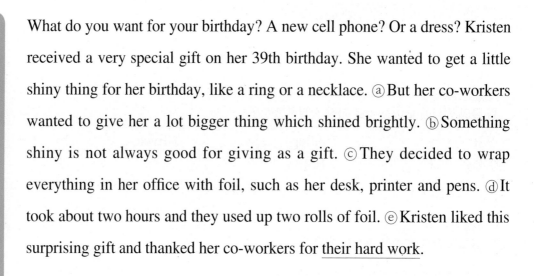

서양 문화권에서는 집들이, 결혼, 돌잔치, 크리스마스, 생일 등 축하할 일이 있을 때, 서로 위시 리스트 (wish list)를 주고받는 문화가 있습니다. 위시 리스트의 목적은 선물을 받는 사람과 선물을 주는 사람 사이의 의사소통을 용이하게 하는 것이지요. 흔히 알려진 버킷 리스트(bucket list)는 사람이 죽기 전 (즉, "kick the bucket") 전에, 혹은 학교 졸업 전, 어른이 되기 전, 아니면 30대의 끝 등 삶의 한 이정 표에 도달하기 전에 이루고 싶은 개인적인 소원 목록을 말합니다.

◔ 정답과 해설 30쪽

> 연결 관계 파악

1 위 글의 흐름으로 보아, ⓐ～ⓔ 중 전체 글의 흐름과 관계 없는 문장은?

① ⓐ　　　② ⓑ　　　③ ⓒ　　　④ ⓓ　　　⑤ ⓔ

> 어구 의미 추측

2 위 글의 밑줄 친 their hard work가 의미하는 바를 우리말로 쓰시오.

_____

> 요약문 완성

3 위 글의 내용을 다음과 같이 요약하고자 할 때, 빈칸에 적절한 말을 위 글에서 찾아 쓰시오.

> Contrary to Kristen's expectations, her friends wrapped her office stuff in _____ and gave it to her as a _____ _____.

> Voca Quiz

4 빈칸에 들어갈 단어를 위 글에서 찾아 쓰시오. (필요한 경우 형태를 바꿀 것)

a. After the rain stopped, the sun _____ and the sky was clear.

b. You shouldn't _____ _____ all of your money. You need to save some of it in the bank.

Key Words　receive 받다　special 특별한　gift 선물　shiny 빛나는　ring 반지　necklace 목걸이　co-worker 동료　shine 빛나다　brightly 밝게　decide 결정하다　wrap 포장하다, 싸다　foil 은박지　such as ～와 같은　use up ～을 다 써버리다　roll 통　surprising 놀라운

지문 듣기

Hummingbirds are the smallest birds in the world. (ⓐ) Among the 320 hummingbird species, some are so small that they can even get caught in a spider web which is bigger than them. (ⓑ) Although they are small in size, the proportion of their brain to their body weight is the largest in the bird kingdom. (ⓒ) Hummingbirds got their name from the humming sound they make with their wings when they fly. (ⓓ) Each species has a different humming sound and it is determined by the number of times they flap their wings. (ⓔ) One interesting fact is that they are the only birds that can fly backwards!

흔히 새들은 지능이 낮다고 생각합니다만 한 연구 결과에 의하면 까마귀는 똑똑한 동물의 대명사인 침팬지보다 더 지능이 뛰어나다고 합니다. 다른 연구 결과에서는 까마귀가 물체를 꺼내는 실험에서 놀랍게도 도구를 사용할 줄 알며 '7세 이하 어린이 수준'일 수도 있다는 사실을 밝혀냈습니다. 특히 까마귀가 노는 모습은 쉽게 관찰할 수 있다고 하니 인간이나 동물이나 지능과 놀이는 연결되어 있는 것 같습니다.

1
연결 관계 파악
위 글의 흐름으로 보아, ⓐ~ⓔ 중 주어진 문장이 들어가기에 가장 적절한 곳은?

> Thus, they are smart enough to remember every flower they have visited.

① ⓐ   ② ⓑ   ③ ⓒ   ④ ⓓ   ⑤ ⓔ

2
세부 내용 파악
위 글의 내용과 일치하지 <u>않는</u> 것은?

① Some hummingbirds are smaller than a spider web.

② Hummingbirds were named after the sound they make.

③ Hummingbirds make a humming sound when they flap their wings.

④ The humming sound is the same for every species.

⑤ Hummingbirds can fly not only forwards but also backwards.

3
낱말 의미 추측
다음 빈칸에 공통으로 들어갈 단어를 위 글에서 찾아 쓰시오.

> · The little baby lost his balance and fell _____.
>
> · Watch out! Take a step _____.

4
Voca Quiz
빈칸에 들어갈 단어를 위 글에서 찾아 쓰시오.

a. You should eat nuts or almonds to keep your _____ healthy.

b. The baby eagles _____ their wings hard to stay in the air.

Key Words   hummingbird 벌새   among ~ 중에   species 종   spider web 거미줄(집)
proportion 비중   brain 뇌   weight 무게   kingdom 왕국   wing 날개   determine
결정하다   flap 날개를 퍼덕거리다   interesting 흥미로운   fact 사실   backwards 뒤로

Caring is about how we treat each other. We can show concern for others, be kind to them and share things with them. All of these are ways that we can show we care. _____, if you help your dad clean up the house or help your sister carry her books, you're showing that you care about them. You show your neighbors how much you care when you take their newspapers up to their doors or clear the snow in front of their houses. Sometimes, people won't treat you in the same way that you treat them. But over time, you'll find that people around you appreciate your actions and show kindness back to you.

'배려'는 현대의 도덕 교육에서도 매우 중요한 덕목입니다. 과거에는 도덕을 배울 때, 의무감으로 옳은 행동을 한다고 생각했습니다만, 배려를 강조하는 학자들은 '동정심'과 '공감' 같은 상호간의 관계가 도덕을 배우는 데 중요하다고 주장합니다. 특히 우리가 처음 어머니에게 받은 사랑과 같은 배려를 받고 행복했던 기억이 다른 사람을 자연스럽게 배려할 수 있는 이유라고 설명하고 있습니다.

1 〔연결 관계 파악〕
위 글의 빈칸에 들어갈 말로 가장 적절한 것은?

① Finally   ② However   ③ Therefore

④ For example   ⑤ Similarly

2 〔요지 파악〕
위 글의 내용과 관련된 속담으로 가장 적절한 것은?

① Look before you leap.

② Don't cry over spilt milk.

③ Birds of a feather flock together.

④ A friend in need is a friend indeed.

⑤ Treat others as you wish to be treated.

3 〔낱말 의미 추측〕
다음 빈칸에 공통으로 들어갈 단어를 위 글에서 찾아 쓰시오.

> · Dad was _____ing a suitcase.
> · I don't _____ much money in my pocket.

Voca Quiz

4 빈칸에 들어갈 단어를 위 글에서 찾아 쓰시오.

a. After dinner, I _____ the table and wash the dishes.

b. You always help me a lot. I really _____ it.

Key Words   caring 배려   treat 대우하다   each other 서로   concern 관심, 걱정   share 나누다, 공유하다   care about ~에 마음 쓰다, 배려하다   neighbor 이웃   newspaper 신문   clear 치우다   in front of ~ 앞에   sometimes 때때로   appreciate 감사하다   action 행동   kindness 친절

Whether you are riding a bike or skateboard, a helmet can prevent head injuries that result from crashes or falls. Helmets are very important. In fact, you should get one when you buy a bike. And before you get on your bike, you should put on your helmet.   (A)   , wearing a helmet does not guarantee your safety. If the helmet is loose and moves around your head, it could hinder your view. That may lead to a crash or fall.   (B)   , loose helmets do not offer enough protection in bike crashes or falls, so they do not do enough to prevent serious head injuries. In this article, we provide basic tips that will tell you how to choose a bike helmet.

자전거 이용 시 가장 중요한 안전 장비는 헬멧입니다. 연구 결과에 의하면 헬멧 착용 시엔 중상 가능성이 15%인 반면 착용하지 않았을 경우 95%까지 증가한다는 것이 밝혀졌습니다. 그러므로 긴 거리이든 짧은 거리이든 자전거를 탈 때 헬멧은 반드시 착용해야 합니다. 우리나라도 2018년 9월 28일부터 '헬멧 등 안전장비 착용 의무화법'이 시행되고 있습니다.

→ 정답과 해설 33쪽

Comprehension Check

→ 정답과 해설 33쪽

[연결 관계 파악]

1 위 글의 빈칸 (A), (B)에 들어갈 말로 가장 적절한 것은?

	(A)		(B)
①	Therefore	……	In addition
②	However	……	Nevertheless
③	As a result	……	For example
④	In other words	……	As a result
⑤	However	……	Moreover

[문장 완성]

2 위 글의 내용에 맞게 빈칸에 적절한 말을 본문에서 찾아 쓰시오.

> If you don't wear a helmet, it may cause _____ _____.

[이어질 내용 추측]

3 위 글 다음에 이어질 내용으로 가장 적절한 것은?

① 헬멧의 종류 ② 헬멧을 써야 하는 이유

③ 헬멧 착용 관련 법안 ④ 적절한 헬멧을 고르는 방법

⑤ 헬멧을 안 썼을 때의 부상 종류

Voca Quiz

4 빈칸에 들어갈 단어를 위 글에서 찾아 쓰시오.

a. Bikes are the most common cause of _____. You should be careful.

b. Batteries _____ the robot dog with energy.

Key Words prevent 막다, 예방하다 injury 부상 crash 충돌 important 중요한 put on 쓰다, 입다 guarantee 보장하다 safety 안전 loose 헐거운 hinder 방해하다 protection 보호 serious 심각한 provide 제공하다 ⓥ cause ~의 원인이 되다, 초래하다 battery 건전지, 배터리

지문 듣기

You may think tea is popular only in China and Japan. But in fact, people all around the world enjoy drinking tea. The world's largest tea drinking nation is India. Indian people drink tea as a breakfast and evening drink. British people also love to drink tea. For the British, a tea <u>break</u> during working hours is an essential part of the day. Tea is the national drink of Egypt. Most people there drink tea in the morning and after lunch. A nickname for tea in Egypt is "duty," as serving tea to a visitor is a duty.

Tea break에 많은 이들이 차(tea)보다는 커피(coffee)를 마시는 한국! 최근 자료에 의하면 한국인의 커피 소비량은 연간 400잔 이상이라고 할 만큼 우리나라 사람들은 커피를 즐겨 마십니다. 국제커피기구(ICO)에 의하면 우리나라는 세계에서 15위 전후로 커피를 사랑하는 나라이고, 2016년 기준으로 커피 시장 규모가 6조 원이 넘을 정도로 커피 시장의 양적 증가가 매우 빠른 편입니다. 특히 우리나라 사람들의 바쁜 라이프 스타일과 습관적으로 마시는 문화, 커피 전문점의 공간 활용도가 커피 소비 증가의 큰 몫을 하고 있다고 합니다.

Comprehension Check

1 제목 파악

위 글의 제목으로 가장 적절한 것은?

① Who Was First to Drink Tea?

② Why Do People Like to Drink Tea?

③ When Do People Usually Drink Tea?

④ In Which Parts of the World Is Tea Loved?

⑤ What Is the Most Popular Drink in the World?

2 세부 내용 파악

다음 질문에 대한 답을 완전한 문장으로 쓰시오.

Q: Why is "duty" a nickname for tea in Egypt?

A: _____

3 낱말 의미 추측

위 글의 밑줄 친 break와 같은 의미로 쓰인 것은?

① Nick won't break his promise.

② He made a break with his wife.

③ Be careful not to break your arm.

④ I didn't break the washing machine.

⑤ Let's take a break and eat something.

4 Voca Quiz

빈칸에 들어갈 단어를 위 글에서 찾아 쓰시오.

a. Will China be the most powerful _____ in the world?

b. Mina dances really well. Her _____ is "Dancing Queen."

Key Words tea 차 popular 인기 있는 in fact 사실은, 실제로는 enjoy 즐기다 nation 국가, 나라 British 영국의 during ~ 동안 essential 필수적인 national 국가의, 전 국민의 most 대부분(의) nickname 별명 duty 의무 serve 대접하다 visitor 방문객

지문 듣기

Every day when Ted gets to school, one of the first kids whom he sees is Mike. Mike is big, loud and scary. Ted is afraid of Mike, so he walks with his head down or turns away when he passes by Mike. He hopes that Mike won't notice him. But when Mike sees Ted, he thinks that he has found someone to pick on. Ted doesn't know that he is sending out that message to Mike. So, what can Ted do? He should hold his head up, stand up straight, and he shouldn't look down at the ground. It means that he won't look frightened. Then, he'll send out a message that says, "_____," and that might just stop the bullying before it starts.

학교 폭력 예방을 위해 우리나라 각급 학교에서는 친구사랑 주간을 운영하고 있습니다. 학교마다 우정을 돈독히 하고 친구들 간의 이해를 돕기 위해 다양한 행사를 진행하고 있지요. 친구사랑 표어, UCC, 포스터 등을 제작하기도 하고요. 둘(2)이 사(4)과하고 화해하는 날로 애플 데이를 정해, '나로 인해 마음 아팠을 사람'에게 사과하고 그 징표로 사과나, 사과로 만든 과자, 주스 등을 전하는 날 행사를 진행하고 있는 학교도 많습니다.

Comprehension Check

빈칸 추론

1 위 글의 빈칸에 들어갈 말로 적절한 것은?

① I need a friend
② Don't pick on me
③ I want to join you
④ Don't be afraid of me
⑤ You don't look well today

요약문 완성

2 위 글의 내용을 다음과 같이 요약할 때, 빈칸 (A), (B)에 들어갈 말로 가장 적절한 것은?

> Bullies like to pick on kids who feel _____(A)_____.
> If you look _____(B)_____, a bully might just ignore you.

	(A)	(B)		(A)	(B)
①	afraid	brave	②	bored	powerful
③	angry	interested	④	happy	frightened
⑤	scared	disappointed			

낱말 의미 추측

3 다음 빈칸에 공통으로 들어갈 단어를 위 글에서 찾아 쓰시오.

> • There is a _____ saying "No Parking."
> • I didn't _____ our teacher come in the classroom.

Voca Quiz

4 빈칸에 들어갈 어구를 위 글에서 찾아 쓰시오. (필요한 경우 형태를 바꿀 것)

a. Why does my brother _____ _____ me? He likes to make fun of me.

b. I don't want to talk to anyone. So, I will _____ _____ from them and go outside.

Key Words get to ~에 도착하다 loud 목소리가 큰 scary 무서운 be afraid of ~을 두려워하다 turn away 몸을 돌리다, 회피하다 pass by ~을 지나치다 notice 알아차리다 pick on ~을 괴롭히다 send out ~을 보내다 hold up ~을 들다 stand up 서다 ground 땅 (바닥) frightened 무서워하는 bullying 괴롭힘 ⑩ ignore 무시하다

We should eat less salt to live longer. Too much salt is bad for health but throughout history, salt was ⓐ valuable to many people around the world. Salt was used to ⓑ preserve food before the invention of refrigerators. Because it was useful, governments (A) taxed/was taxed salt. However, too much tax caused ⓒ conflicts. In 1930, Mohandas Gandhi decided to lead a ⓓ peaceful protest because the British colonial government required Indians (B) buy/to buy salt and pay high taxes. He led the famous 23-day-long Salt ⓔ March and nearly 60,000 people were arrested with him. Although India would not gain its independence until 1947, the Salt March (C) raised/rose international awareness of British injustices in India.

간디(1869~1948)의 평화 운동은 미국의 수필가인 헨리 데이비드 소로(1817~1862)의 영향을 받았습니다. 소로는 《시민 불복종(Resistance to Civil Government)》, 《월든(Walden: or, the Life in the Wood)》이라는 책으로 유명합니다. 소로는 미국-멕시코 전쟁을 위해 부과했던 인두세를 거부하고 후에 노예제도에도 반대했는데요, 국가에 대한 소로의 시민 불복종(civil disobedience)은 독립운동과 시민운동에 큰 영향을 주었습니다.

Comprehension Check

1 [어법성 판단]

(A), (B), (C)의 각 네모 안에서 어법에 맞는 표현으로 적절한 것은?

(A)	(B)	(C)		(A)	(B)	(C)
① taxed	····· buy	····· rose		② taxed	····· buy	····· raised
③ taxed	····· to buy	····· raised		④ was taxed	····· to buy	····· raised
⑤ was taxed	····· to buy	····· rose				

2 [전후 관계 파악]

위 글을 읽고, 일어난 사건을 시간 순서대로 바르게 배열하시오.

> ⓐ The Salt March lasted for 23 days.
> ⓑ India finally gained independence in 1947.
> ⓒ Mohandas Gandhi was arrested with other people.
> ⓓ The British colonial government taxed salt in India.

_____ → _____ → _____ → _____

3 [낱말 의미 추측]

위 글의 밑줄 친 단어와 그것이 본문에서 쓰인 뜻과의 연결이 <u>잘못된</u> 것은?

① ⓐ – very useful and precious

② ⓑ – to treat food in order to store it for a long time

③ ⓒ – serious arguments about something

④ ⓓ – without violence or problems

⑤ ⓔ – the third month of the year

4 **Voca Quiz**

빈칸에 들어갈 단어를 위 글에서 찾아 쓰시오.

a. The _____ against the war started by marching through the town.

b. The police caught the robber and _____ him at the scene.

Key Words   be bad for ~에 나쁘다   health 건강   valuable 귀중한   preserve 보존하다   invention 발명   government 정부   tax 세금을 부과하다; 세금   cause 야기하다   conflict 갈등   peaceful 평화로운   protest 시위, 저항, 항의   march 행진   arrest 체포하다   independence 독립   awareness 의식   injustice 부당성

A starfish is a marine animal. It is also called a sea star. We can find starfish all over the world. There are about 1,600 different kinds of starfish. They can be as small as one centimeter or as large as one meter. Most starfish live near the seashore. If you gently pick up a starfish, you can see tiny tubes under its arms. These tubes work as feet. When waves hit the starfish on the rocks, the tiny feet hold it in place. Most starfish have five arms, but some species have many more. The tip of each arm has an eye. So, the starfish has the same number of _____(A)_____ and _____(B)_____.

불가사리는 '죽일 수 없다'라는 뜻의 한자어인 '불가살이(不可殺伊)'로부터 유래할 만큼 신체 재생력과 생명력이 매우 뛰어난 해양 생물입니다. 최근 우리나라를 비롯한 세계 여러 나라의 해안에서 숫자가 급격히 늘어 생태계를 파괴하는 파괴자라는 별명이 붙기도 했지만, 모든 불가사리가 해로운 것은 아닙니다. '아무르 불가사리' 정도가 해로우며, 나머지는 죽은 동물의 시체를 먹는 등 바다 오염을 막는 이로운 역할을 한다고 합니다.

Comprehension Check

빈칸 추론

1 위 글의 빈칸 (A), (B)에 들어갈 적절한 말을 각각 쓰시오.

(A) _____

(B) _____

세부 내용 파악

2 위 글을 통해 starfish에 대해 알 수 없는 것은?

① nickname   ② habitat   ③ size

④ appearance   ⑤ food

세부 내용 파악

3 starfish에 관한 위 글의 내용과 일치하지 않는 것은?

① sea star라고도 불린다.

② 크기가 1미터나 되는 것들도 있다.

③ 대부분은 깊은 바다에 산다.

④ 팔 아래에 작은 관이 있다.

⑤ 팔이 다섯 개 이상인 것들도 있다.

Voca Quiz

4 빈칸에 들어갈 단어를 위 글에서 찾아 쓰시오. (필요한 경우 형태를 바꿀 것)

a. When a big _____ hit the boat, a girl fell into the sea.

b. Cats and tigers are members of the same _____.

Key Words   starfish 불가사리   marine 바다의, 해양의   kind 종류; 친절한   near 가까이에, 근처에   seashore 해안, 바닷가   gently 조심스럽게   tiny 아주 작은   wave 파도   rock 바위   in place 제자리에   species 종(種: 생물 분류의 기초 단위)   tip 끝 (부분)   ⑩ habitat 서식지   appearance 외모

지문 듣기

An Emperor of China, Wudi, began to develop the Silk Road to make trade possible. (ⓐ) The Silk Road was not one long road. (ⓑ) It stretched across nearly 5,000 miles of land and water. And it also was used by thousands of merchants over hundreds of years. (ⓒ) They brought silk from China into the West and glass, linen and gold from the West into China. (ⓓ) Later, the Silk Road became helpful in the development of trade and the accumulation of wealth in both China and Rome as well as in Egypt and other nations. (ⓔ)

*linen 리넨, 아마포

최근 중국 정부는 중앙아시아와 유럽을 잇는 육상 실크로드와 동남아-유럽-아프리카를 연결하는 해상 실크로드를 추진하고 있고, 이것을 '신 실크로드' 혹은 '일대일로(One belt, One road)'라고 부르고 있습니다. '일대일로'는 중국 중심의 육상, 해상 물류 및 금융 통로 구축에 따른 거대 경제권이 완성되는 것으로 2049년 완성을 목표로 추진하고 있습니다.

1 위 글의 흐름으로 보아, ⓐ~ⓔ 중 주어진 문장이 들어가기에 가장 적절한 곳은?

> It consisted of many smaller pathways that were connected.

① ⓐ ② ⓑ ③ ⓒ ④ ⓓ ⑤ ⓔ

2 위 글의 내용과 일치하도록 다음 빈칸에 적절한 말을 위 글에서 찾아 쓰시오.

> Thanks to the _____ _____, Chinese and people from other
> countries could _____. It also helped them accumulate _____.

3 Silk Road에 관한 위 글의 내용과 일치하지 <u>않는</u> 것은?

① 중국의 Wudi 황제 때 만들어지기 시작했다.

② 육로뿐만 아니라 수로도 있었다.

③ 이 길을 통해 중국의 비단이 동방의 각 국가들로 퍼져나갔다.

④ 이 길을 통해 서방의 유리와 금이 중국으로 들어왔다.

⑤ 이집트의 무역의 확장과 부의 축적에 도움이 되었다.

4 빈칸에 들어갈 단어를 위 글에서 찾아 쓰시오. (필요한 경우 형태를 바꿀 것)

a. He was _____ in solving the problem. Thanks to him, I was able to
finish my homework.

b. Robotics engineers have _____ the technology for making robot
dogs.

Key Words   emperor 황제 develop 개발하다, 발달시키다 trade 무역 possible 가능한 stretch
뻗어나가다 merchant 상인 helpful 도움이 되는 development 발달 accumulation
축적 wealth 부 A as well as B B뿐만 아니라 A도 ⓞ consist of ~으로 이루어지다,
구성되다 pathway 좁은 길 connect 연결하다

Do you get tired eyes after long hours of using the computer? Just like our body, our eyes also need exercise. Here are some simple eye exercises for you. First, stand straight. Next, look as high as possible and then, look down. Repeat 10 times and rest for about 30 seconds. You can also strengthen your eye muscles by using a pen. Hold a pen in front of your body. Look at the pen's tip and focus on it for 10 seconds. Slowly bring the pen towards your nose without losing your focus. Hold for 5 seconds, then move the pen away. You must focus on the tip the whole time. Repeat 3 times. By doing these exercises, you can (healthy, eyes, stay, help, your).

가시광선 중 블루라이트(blue light)는 380~500nm(나노미터)의 짧은 파장으로 사람에게 파란 가을 하늘처럼 편안함을 주는 빛입니다. 수면 유도 호르몬을 억제해 낮 시간에는 집중력을 높이기도 합니다. 하지만 스마트폰의 인공적인 블루라이트에 지나치게 노출되면 눈 건강을 해칠 수 있습니다.

Comprehension Check

1 제목 파악

위 글의 제목으로 가장 알맞은 것은?

① How Your Eyes Work
② Ways to Relieve Stress
③ How to Do Eye Exercises
④ How to Improve Your Eyesight
⑤ The Importance of Eye Exercises

2 세부 내용 파악

위 글에 제시된 눈 운동과 관련 있는 그림으로 묶인 것은?

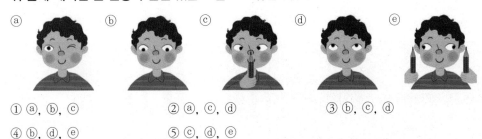

ⓐ　　　　ⓑ　　　　ⓒ　　　　ⓓ　　　　ⓔ

① ⓐ, ⓑ, ⓒ 　　　② ⓐ, ⓒ, ⓓ 　　　③ ⓑ, ⓒ, ⓓ
④ ⓑ, ⓓ, ⓔ 　　　⑤ ⓒ, ⓓ, ⓔ

3 어구의 활용

위 글의 밑줄 친 (healthy, eyes, stay, help, your)를 바른 순서대로 배열하시오.

_____

4 Voca Quiz

다음 단어의 뜻풀이를 찾아 연결하시오.

a. muscle 　　・　・① to use something repeatedly so that it becomes stronger
b. rest 　　　・　・② a piece of body tissue you use when you move
c. strengthen ・　・③ not to do anything active for a while

Key Words　　tired 피곤한　exercise 운동　simple 간단한　straight 똑바로　repeat 반복하다
rest 쉬다　second 초　strengthen 강화하다　muscle 근육　in front of ~ 앞에
focus 초점; 초점을 맞추다　move away 떠나다, 치우다　healthy 건강한　stay 유지하다

Day 20

Story A:
story

지문 듣기

On a Friday afternoon, my brother and I drove three hours to a campsite in Maine. It was my first time to go camping. I thought it would be hard to put up the tent, but it was easy. It only took a few minutes. We made a fire and cooked a delicious dinner over the fire. After we enjoyed a beautiful sunset, we went into the tent and played cards. I slept in peace. There were no bugs or other annoying animals. When we woke, the sun was out and we took a walk along the river. The sky was blue and the leaves were <u>turning</u> amazing colors.

우리나라의 캠핑 인구는 약 550만 명 정도로 추산됩니다. 캠핑의 종류는 주로 자동차를 타고 다니며 캠핑을 즐기는 '오토 캠핑'과 호텔과 버금가는 캠핑 시설에서 고급화된 캠핑을 즐길 수 있는 '글램핑', 그리고 백팩을 활용하여 텐트, 음식, 식기, 기타 장비를 짊어지고 떠나는 '백패킹'이 있습니다. 오토 캠핑의 일종으로 숙식이 가능한 차량형 트레일러를 끌고 다니면서 캠핑을 즐기는 '캐러밴 캠핑'도 요즘 주목을 받고 있습니다.

전후 관계 파악

1 위 글의 일의 진행 순서와 일치하도록 다음 그림을 바르게 배열하시오.

ⓐ  ⓑ  ⓒ ⓓ

_____ → _____ → _____ → _____

심경 파악

2 위 글에 드러난 'I'의 심경으로 가장 적절한 것은?

① happy   ② bored   ③ nervous

④ surprised   ⑤ disappointed

낱말 의미 추론

3 위 글의 밑줄 친 turning과 같은 의미로 쓰인 것은?

① Turn to page 20.

② He turned back to his friend.

③ The weather has turned hot.

④ He turned the key to open the door.

⑤ The boy turned away and looked out the window.

Voca Quiz

4 다음 단어의 뜻풀이를 찾아 연결하시오.

a. bug •   • ① very surprising

b. river •   • ② an insect or a similar small living thing

c. amazing •   • ③ a long area of water that flows across the land

Key Words   campsite 캠프장, 야영지   go camping 캠핑하러 가다   put up (텐트 등을) 치다, 세우다   make a fire 불을 피우다   cook 요리하다   delicious 맛있는   sunset 석양, 일몰   peace 평화   bug 벌레   annoying 성가신   take a walk 산책하다   river 강   amazing 놀라운

All fish can swim at night. But one <u>kind</u> really likes to swim in the dark. It is called the flashlight fish. It has its own light. (ⓐ) The flashlight fish has a pocket of bacteria under each eye. They give off light. (ⓑ) The flashlight fish can turn the light on and off. (ⓒ) The light is used to attract food. (ⓓ)

When the light turns on, smaller fish see it and swim to it. The flashlight fish can easily catch them and enjoy a meal. (ⓔ) Then the flashlight fish turns the light off and swims away. Its light keeps it safe.

빛을 낼 수 있는 물고기를 '발광어(luminous fish)'라고 합니다. 발광어는 '초롱아귀'와 같이 스스로 빛을 낼 수 있는 물고기와 발광세균과의 공생을 통해 빛을 내는 종류가 있으며, 대부분의 발광어는 깊은 바다에 서식한다고 하네요. 'luminous fish'에서도 볼 수 있듯이 '빛을 낸다'라는 의미로 'lumi-'라는 말을 많이 쓰는데요, 이는 라틴어로 '빛(light)'을 뜻합니다.

Comprehension Check

1 연결 관계 파악

위 글의 흐름으로 보아, ⓐ~ⓔ 중 주어진 문장이 들어가기에 가장 적절한 곳은?

> Sometimes bigger fish follow the flashlight fish.

① ⓐ   ② ⓑ   ③ ⓒ   ④ ⓓ   ⑤ ⓔ

2 낱말 의미 추측

위 글의 밑줄 친 kind와 같은 의미로 쓰인 것은?

① He is <u>kind</u> and really funny.
② He has always been <u>kind</u> to me.
③ A tomato is a <u>kind</u> of vegetable.
④ The weather was very <u>kind</u> to us.
⑤ That made me feel <u>kind</u> of stupid.

3 세부 내용 파악

flashlight fish에 대해 위 글을 통해 알 수 있는 것을 〈보기〉에서 모두 골라 기호를 쓰시오.

> ┤보기├
> ⓐ appearance   ⓑ length of the fish   ⓒ how to hunt
> ⓓ habitat   ⓔ how to protect itself from predators

Voca Quiz

4 빈칸에 들어갈 단어를 위 글에서 찾아 쓰시오.

a. The online shop sometimes gives free coupons to _____ new customers.

b. Don't walk down dark streets at night. This city is not _____ .

Key Words   kind 종류, 유형   dark 어둠; 어두운   own 자신의   bacteria 박테리아   give off (빛이나 열을) 발하다   turn on 켜다 ↔ turn off 끄다   attract 끌어모으다   easily 쉽게   meal 먹이   safe 안전한   ⓝ predator 포식자

Workbook

story A origin

A [단어확인]   다음 단어에 해당하는 우리말 뜻을 쓰세요.

1 greeting	_____	**9** attention	_____
2 coworker	_____	**10** inventor	_____
3 invent	_____	**11** popular	_____
4 easily	_____	**12** accept	_____
5 clearly	_____	**13** rest	_____
6 distance	_____	**14** deny	_____
7 similar	_____	**15** on the line	_____
8 attract	_____	**16** make up	_____

B [영작훈련]   괄호 안의 단어들을 올바른 순서로 배열하여 문장을 완성하세요.

1 'Hello'는 1883년에 인사말로 처음 사용되었다. (a greeting, first, used, as, was)
'Hello' _____ in 1883.

2 그것은 전화기를 발명한 에디슨과 그의 동료들에 의해서 만들어졌다. (was, it, his coworkers, by, made up, Edison, and)
_____ who invented the telephone.

3 'Hello'라는 말이 장거리 통화에서 쉽고 분명하게 들렸다. (was, the word 'Hello', easily and clearly, heard)
_____ over long distance calls.

4 알렉산더 그레이엄 벨은 사람들이 'Ahoy'라는 단어를 쓰기를 원했다. (to use, wanted, people, the word 'Ahoy')
Alexander Graham Bell _____.

5 시간이 지남에 따라, 에디슨의 인사말이 더욱 인기 있게 되었다. (the Edison's greeting, went on, time, more popular, as, became)

_____

A [단어확인] 다음 단어에 해당하는 우리말 뜻을 쓰세요.

1	wolf	_____	**8** stupid	_____
2	breed	_____	**9** human	_____
3	evolve	_____	**10** behavior	_____
4	wild	_____	**11** difference	_____
5	brain	_____	**12** while	_____
6	hunt	_____	**13** understand	_____
7	mean	_____	**14** between A and B	_____

B [영작훈련] 괄호 안의 단어들을 올바른 순서로 배열하여 문장을 완성하세요.

1 400종이 넘는 개들이 있는데, 각각은 야생 늑대로부터 진화한 것들이다. (and, the wild wolf, from, evolved, each one)
There are more than 400 breeds of dog, _____.

2 개들은 사냥할 필요가 없기 때문에 늑대들보다 작은 두뇌를 가지고 있다. (they, because, don't, hunt, need to)
Dogs have smaller brains than wolves _____.

3 사실 개들이 인간들의 행동을 이해하는 데 더 뛰어나다. (are, human behavior, better at, dogs, understanding)
In fact, _____.

4 개들은 또한 늑대보다 더 작은 이빨을 가졌다. (have, than, wolves, smaller teeth)
Dogs also _____.

5 대부분의 개들은 사람들과 함께 사는 것을 좋아하는 반면, 늑대는 사람들 주위에 있는 것을 좋아하지 않는다. (most dogs, with, love, people, living, while)
A wolf doesn't like to be around people, _____.

story Ⓐ culture

A [단어확인] 다음 단어에 해당하는 우리말 뜻을 쓰세요.

1 balloon   _____   9 shave   _____

2 gift   _____   10 bump   _____

3 decorate   _____   11 celebrate   _____

4 custom   _____   12 message   _____

5 luck   _____   13 differently   _____

6 gift wrapping   _____   14 instead of   _____

7 encourage   _____   15 Far East   _____

8 fortune   _____   16 upside down   _____

B [영작훈련] 괄호 안의 단어들을 올바른 순서로 배열하여 문장을 완성하세요.

1 당신은 생일을 어떻게 축하하는가? (you, birthdays, how, celebrate, do)

_____

2 그들은 종종 행운을 북돋기 위해 초록색 선물 포장을 사용한다. (green, good fortune, use, gift wrapping, to encourage)
They often _____.

3 몇몇 사람들이 아이의 첫 번째 생일날 머리를 밀어준다. (his or her, on, a child's head, first birthday, shave)
Some people _____.

4 아일랜드에서, 사람들은 생일을 맞은 아이를 거꾸로 뒤집어 아이의 머리를 바닥에 부딪치게 한다. (lift, people, upside down, the birthday child)
In Ireland, _____ and bump his or her head on the floor.

5 다른 나라들은 특별한 음식으로 축하한다. (special food, countries, with, other, celebrate)

_____

A [단어확인]   다음 단어에 해당하는 우리말 뜻을 쓰세요.

1 owner _____   8 unconcerned _____

2 mousetrap _____   9 scared _____

3 business _____   10 chicken _____

4 noise _____   11 reply _____

5 bite _____   12 loud _____

6 decide _____   13 wife _____

7 ingredient _____   14 snake _____

B [영작훈련]   괄호 안의 단어들을 올바른 순서로 배열하여 문장을 완성하세요.

1 어느 날 밤, 쥐덫에서 큰 소리가 들렸다. (from, a loud noise, heard, the mousetrap, was)
One night, _____.

2 그녀는 쥐덫에 뱀이 걸려든 것을 보지 못했다. (didn't, a snake, that, caught, she, see, was)
_____ in the mousetrap.

3 그녀가 뱀에게 가까이 갔을 때, 그것이 그녀를 물었다. (got, near, when, the snake, she)
_____, it bit her.

4 그 다음날 그 주인은 치킨 수프를 만들기로 결정했다. (decided, the owner, chicken soup, to make, some)
The next day, _____.

5 그 무심한 닭에게 무슨 일이 일어났는지 짐작할 수 있는가? (guess, you, happened, can, what)
_____ to the unconcerned chicken?

story A psychology

A [단어확인] 다음 단어에 해당하는 우리말 뜻을 쓰세요.

1 plain	_____	**9** probably	_____
2 expert	_____	**10** friendly	_____
3 pattern	_____	**11** stripe	_____
4 personality	_____	**12** clothes	_____
5 bright	_____	**13** quiet	_____
6 cheerful	_____	**14** social	_____
7 serious	_____	**15** fashion	_____
8 bold	_____	**16** for example	_____

B [영작훈련] 괄호 안의 단어들을 올바른 순서로 배열하여 문장을 완성하세요.

1 그들은 사람들의 옷 색깔과 무늬가 그들의 성격에 대해 많은 것을 말해준다고 생각한다.

(the color and pattern of, say, a lot, think, people's clothes)

They _____ about their personality.

2 밝은 색깔의 옷을 입는 사람들은 종종 쾌활하고 친절하다. (bright colors, wear, people, who)

_____ are often cheerful and friendly.

3 어두운 색의 옷을 입는 사람들은 더 진지하고 조용한 유형이다. (types, more, serious, quiet, and)

People who wear dark colors are _____.

4 선명한 무늬의 옷을 입는 사람들은 보통 매우 사교적이다. (who, bold patterns, wear, people, with, clothes)

_____ are usually very social.

5 모든 전문가들이 옳은 것은 아니겠지만, 당신이 입는 옷이 당신에 대해 무언가를 말하고 있다는 것은 아마도 사실일 것이다. (not, are, all, right, experts)

_____, but it probably is true that the clothes you wear say something about you.

A [단어확인] 다음 단어에 해당하는 우리말 뜻을 쓰세요.

1 nonstop flight _____   9 passionately _____

2 ocean _____   10 emergency _____

3 legendary _____   11 overcome _____

4 pilot _____   12 fuel leak _____

5 air show _____   13 courage _____

6 discover _____   14 pioneering _____

7 desire _____   15 talent _____

8 natural _____   16 spirit _____

B [영작훈련] 괄호 안의 단어들을 올바른 순서로 배열하여 문장을 완성하세요.

1 많은 사람들은 Charles Lindbergh라는 이름에 익숙하다. (are, with, many people, the name, familiar)

_____ Charles Lindbergh.

2 전설적인 비행사 Amelia Earhart는 23살에 비행을 시작했다. (pilot, flying, a, legendary, at 23, started)

Amelia Earhart, _____.

3 비록 그녀는 천부적인 비행 재능을 가지고 태어나지는 않았지만, 열정적으로 많은 노력을 쏟아부었다. (although, wasn't, she, natural flying talents, with, born)

_____, she passionately put in a lot of hard work.

4 그녀는 안개와 연료 누출 같은 비상 상태를 극복하면서 대서양을 날아서 건너는 데에 성공했다. (overcoming, emergencies, like, while, and, a fuel leak, fog)

She succeeded in flying across the Atlantic Ocean _____.

5 Amelia Earhart는 그녀의 용기와 개척 정신으로 인해 기억되고 있다. (remembered, her, and, is, for, courage, pioneering spirit)

Amelia Earhart _____.

story A technology

A [단어확인] 다음 단어에 해당하는 우리말 뜻을 쓰세요.

1 nature	_____	9 thin	_____
2 surface	_____	10 invisible	_____
3 lizard	_____	11 amazing	_____
4 name	_____	12 ability	_____
5 biology	_____	13 military	_____
6 technology	_____	14 official	_____
7 instead	_____	15 spy	_____
8 plenty of	_____	16 sticky	_____

B [영작훈련] 괄호 안의 단어들을 올바른 순서로 배열하여 문장을 완성하세요.

1 한 과학자는 작은 도마뱀으로부터 아이디어를 얻어 기어오르는 로봇을 만들었다. (climbing, to, robot, build, a)

One scientist got an idea from a small lizard _____.

2 이 로봇은 생물학과 로봇 기술에 의해 창조되었다. (robot technology, created, with, was, biology, and)

This robot _____.

3 그것이 'Stickybot'이라고 불리긴 하지만, 그것의 발이 풀처럼 실제로 '달라붙는' 것은 아니다. (called, though, it, 'Stickybot', is)

_____, its feet are not actually 'sticky' like glue.

4 그들은 진짜 도마뱀붙이가 그러하듯이, 매우 가늘고 거의 보이지 않는 털을 갖고 있다. (just, real, like, geckos, do)

They have very thin, almost invisible hairs, _____.

5 이 놀라운 능력들 때문에, 군대의 사무관들은 Stickybot에 관심을 가지게 되었다. (interested, Stickybots, in, military officials, have become)

Because of these amazing abilities, _____.

A [단어확인]   다음 단어에 해당하는 우리말 뜻을 쓰세요.

1	entertain	_____	**8** challenge	_____
2	surprising	_____	**9** bored	_____
3	orangutan	_____	**10** bubble	_____
4	app	_____	**11** favorite	_____
5	expert	_____	**12** human	_____
6	unlike	_____	**13** easily	_____
7	without	_____	**14** break	_____

B [영작훈련]   괄호 안의 단어들을 올바른 순서로 배열하여 문장을 완성하세요.

1 당신은 동물원의 몇몇 오랑우탄들이 터치스크린을 사용한다는 것을 알고 있는가? (touch screens, use, in zoos, some orangutans)

Do you know that _____?

2 오랑우탄인 Iris는 그림을 그리는 앱으로 아이패드에 그림을 그린다. (with, makes, a painting app, on an iPad, pictures)

Iris, an orangutan, _____.

3 아무런 도전이 없으면, 그들은 쉽게 지루해지고 불행해질 수 있다. (easily, bored, unhappy, and, can, they, become)

Without any challenges, _____.

4 그는 컴퓨터가 새로운 게임들로 그들이 흥미를 갖게 할 수 있다고 생각했다. (the computer, interested, them, make, could)

He thought _____ in new games.

5 그들은 그것들을 건드려서 화면 위의 비눗방울을 터뜨린다. (break bubbles, touching, on the screen, by, them)

They _____.

story A

hobby

A [단어확인] 다음 단어에 해당하는 우리말 뜻을 쓰세요.

1 collection	_____	**8** toothpaste	_____
2 probably	_____	**9** airline	_____
3 coin	_____	**10** sickness	_____
4 stamp	_____	**11** strange	_____
5 wrapper	_____	**12** dentist	_____
6 refrigerator	_____	**13** tube	_____
7 magnet	_____	**14** since	_____

B [영작훈련] 괄호 안의 단어들을 올바른 순서로 배열하여 문장을 완성하세요.

1 취미 수집품에 대해서 생각하면, 당신은 아마도 야구 카드, 동전이나 우표 같은 것을 생각할 것이다. (think of, hobby collections, you, when)

_____, you probably think about things like baseball cards, coins, or stamps.

2 한 독일 남자가 38,000개 이상의 초콜릿 포장지를 수집했다. (more than 38,000, a German man, chocolate wrappers, has collected)

_____

3 라스베이거스에 사는 한 여인은 30,000개의 냉장고 자석을 모았다. (in Las Vegas, has collected, 30,000 refrigerator magnets, a woman)

_____

4 미국의 한 치과의사는 2002년에 전 세계의 치약들을 모으기 시작했다. (collecting, from, began, around the world, in 2002, toothpaste)
One dentist in the U.S. _____.

5 그는 1970년대부터 6,000개 이상의 비행기 멀미 봉투를 모아 왔다. (he, airline sickness bags, since, has collected, the 1970s, over 6,000)

_____

story B origin

A [단어확인] 다음 단어에 해당하는 우리말 뜻을 쓰세요.

1	origin	8	ignore
2	widely	9	play tricks on
3	be related to	10	introduction
4	calendar	11	a number of
5	switch	12	celebrate
6	continue	13	exchange
7	observe	14	replace

B [영작훈련] 괄호 안의 단어들을 올바른 순서로 배열하여 문장을 완성하세요.

1 만우절의 기원에 대한 많은 이야기들이 있다. (a number of, the origin of, stories, about, April Fool's Day)

There are _____.

2 가장 널리 믿어지는 이야기 중 하나는 유럽에서 새로운 달력을 도입한 것과 관계가 있다. (one of, stories, is related to, widely, the most, believed)

_____ the introduction of a new calendar in Europe.

3 프랑스는 율리우스력에서 그레고리력으로 바꾼 최초의 나라가 되었다. (from, the Gregorian calendar, the first country, the Julian calendar, to, to switch)

France became _____.

4 다른 사람들은 계속해서 한 해의 시작을 4월 1일로 지켰다. (the new year, the beginning of, on April 1, to observe, continued)

Others _____.

5 따라서, 그들은 만우절 바보로 불렸고 그들에게 장난이 행해졌다. (on them, called, April fools, they, were, were played, and, tricks)

Thus, _____.

story A
culture

A [단어확인]   다음 단어에 해당하는 우리말 뜻을 쓰세요.

1 wedding _____ **8** pea _____

2 common _____ **9** Inuit _____

3 originally _____ **10** purpose _____

4 bride _____ **11** idea _____

5 luck _____ **12** throw _____

6 tradition _____ **13** couple _____

7 traditionally _____ **14** newlyweds _____

B [영작훈련]   괄호 안의 단어들을 올바른 순서로 배열하여 문장을 완성하세요.

1 결혼 케이크는 신부에게 던져졌다. (at, was, the bride, the wedding cake, thrown)

_____

2 사람들은 신부에게 케이크를 던지는 것이 그녀에게 행운을 가져다줄 것이라고 생각했다.
(throwing, would bring, her, the bride, cake, at, good luck)
People thought that _____.

3 사람들이 전통적으로 부부가 결혼식장을 떠날 때 부부에게 쌀을 던진다. (as, at the couple, they, throw, leave, rice, the wedding place)
People traditionally _____.

4 다른 나라의 사람들은 새로운 부부들에게 다른 물건들을 던진다. (people, different things, in, throw, different countries, at new couples)

_____

5 그들은 모두 같은 목적을 갖고 있다. (all, they, the same purpose, have)

_____

A [단어확인] 다음 단어에 해당하는 우리말 뜻을 쓰세요.

1 salt flats	_____		**10** legend	_____
2 sight	_____		**11** betray	_____
3 actually	_____		**12** tear	_____
4 giant	_____		**13** form	_____
5 lake	_____		**14** current	_____
6 dry up	_____		**15** thin	_____
7 behind	_____		**16** layer	_____
8 tons of	_____		**17** mirror	_____
9 formation	_____		**18** reflect	_____

B [영작훈련] 괄호 안의 단어들을 올바른 순서로 배열하여 문장을 완성하세요.

1 그것이 말랐을 때, 그것은 다량의 소금을 남겼다. (behind, it, tons of salt, left)
When it dried up, _____.

2 전설에 따르면 그 호수 주위의 산들은 실제로 거대한 사람들이었다. (giant people, were, around, the lake, the mountains, actually)
According to the legend, _____.

3 비가 오면 얇은 층의 물이 거울처럼 작용한다. (as a mirror, water, the thin layer, of, acts)
When it rains, _____.

4 그것은 세상에서 가장 큰 거울 중 하나가 된다. (one, mirrors, the, of, world's largest)
It becomes _____.

5 그것이 하늘을 비추면, 당신은 구름 위를 걷고 있는 것처럼 느낀다! (feel like, it, you, when, the sky, reflects)
_____ you are walking on clouds!

story A
environment

A [단어확인]   다음 단어에 해당하는 우리말 뜻을 쓰세요.

1 pollution	_____	**9** recently	_____
2 bacteria	_____	**10** useful	_____
3 stomach	_____	**11** liter	_____
4 produce	_____	**12** collect	_____
5 release	_____	**13** convert	_____
6 source	_____	**14** amount	_____
7 cause	_____	**15** refrigerator	_____
8 global warming	_____	**16** enough	_____

B [영작훈련]   괄호 안의 단어들을 올바른 순서로 배열하여 문장을 완성하세요.

1 어떤 것이 공기오염의 가장 큰 원인일까? 소일까, 자동차일까? (of, is, air pollution, the biggest, cause, which)

_____, cows or cars?

2 이 가스는 지구를 더욱 뜨겁게 만들고, 지구 온난화를 초래한다. (hotter, makes, the earth, this, gas)

_____ and causes global warming.

3 최근에 아르헨티나의 과학자들은 이 문제를 해결할 방법을 발견했다. (this problem, in Argentina, a way, have found, to solve, scientists)
Recently, _____.

4 그들은 소들로부터 나오는 가스를 유용한 에너지로 전환시킬 수 있다. (convert, useful energy, the gas, into, from cows)
They can _____.

5 만약에 우리가 이 가스를 탱크에 모으면, 우리는 충분히 많은 양의 에너지를 얻을 수 있다. (this gas, in, if, we, a tank, collect)
_____, we can get a large enough amount of energy.

A [단어확인]   다음 단어에 해당하는 우리말 뜻을 쓰세요.

1 graph _____
2 examine _____
3 study _____
4 complete _____
5 overlap _____
6 score _____
7 lack _____
8 interest _____

9 stereotype _____
10 successful _____
11 challenge _____
12 agree with _____
13 following _____
14 provide _____
15 be good at _____
16 example _____

B [영작훈련]   괄호 안의 단어들을 올바른 순서로 배열하여 문장을 완성하세요.

1 수백 개의 수학 관련 연구를 검토한 다음의 그래프를 보아라. (math-related, hundreds of, examined, studies, which)
Look at the following graph _____.

2 여학생들의 수학 점수와 남학생들의 그것들 사이에는 겹침이 있다. (the math scores, those, of girls, of boys, between, and, an overlap)
There is _____.

3 몇몇 여자아이들은 남자아이들보다 훨씬 더 잘한다. (girls, even, boys, than, better, some, are)

_____

4 여자아이들과 남자아이들에게 수학 관련 분야에 성공적인 여자들의 많은 사례를 제공하라. (lots of, girls and boys, provide, with, examples)
_____ of women who are successful in math-related fields.

5 이 고정관념에 이의를 제기함으로써, 여자아이들이 수학에 좀 더 관심을 가질 수 있다. (math, more, become, can, interested in, girls)
By challenging the stereotype, _____.

story A art

A [단어확인] 다음 단어에 해당하는 우리말 뜻을 쓰세요.

1	invisible	_____	9	exactly	_____

1 invisible _____　　9 exactly _____

2 hide _____　　10 hundreds of _____

3 carefully _____　　11 perfect _____

4 photographer _____　　12 part _____

5 clothes _____　　13 background _____

6 paint _____　　14 magic _____

7 shelf _____　　15 photo _____

8 behind _____　　16 artist _____

B [영작훈련] 괄호 안의 단어들을 올바른 순서로 배열하여 문장을 완성하세요.

1 그는 몇몇 화가와 사진사에게 그를 도와달라고 부탁했다. (asked, to help, some, artists, him, photographers, and)
He _____.

2 그의 옷 위에, 그들은 그의 뒤에 서있는 선반을 그렸다. (him, stood, behind, the shelf, painted, they, which)
On his clothes, _____.

3 그들은 모든 소다 캔을 정확하게 정성을 들여 그렸다. (exactly, every, drew, soda can)
They carefully _____.

4 사진사들은 완벽한 한 장을 얻기 위해 수백 장의 사진을 찍었다. (hundreds of, took, photos, the perfect one, to get)
The photographers _____.

5 그 일은 매우 힘들었고 열 시간 넘게 걸렸다. (10 hours, took, than, more)
The work was very hard and _____.

A [단어확인]   다음 단어에 해당하는 우리말 뜻을 쓰세요.

1 national flag	_____	9 founder	_____
2 symbol	_____	10 citizen	_____
3 expect	_____	11 symbolize	_____
4 rectangle	_____	12 value	_____
5 trunk	_____	13 meaningful	_____
6 square	_____	14 shape	_____
7 various	_____	15 in honor of	_____
8 organization	_____	16 cut in half	_____

B [영작훈련]   괄호 안의 단어들을 올바른 순서로 배열하여 문장을 완성하세요.

1 국기는 다양한 상징과 다른 색깔과 모양을 갖고 있다. (different, various symbols, have, and, colors, shapes, and)

National flags _____.

2 우리의 대부분은 깃발의 모양이 직사각형일 것이라고 예상한다. (expect, of, to be, the shape, a flag)

Most of us _____ a rectangle.

3 그것은 몸통 없이 반으로 잘린 나무처럼 보인다. (a tree, that, in half, looks like, is cut)

It _____ without a trunk.

4 이것은 적십자의 설립자를 기념하기 위한 것인데, 그는 스위스 시민이었다. (the Red Cross, was, who, a Swiss citizen, of, the founder)

This is in honor of _____.

5 모든 국기는 각 나라가 가치 있게 여기는 것을 상징한다. (symbolizes, values, each, what, country)

Every national flag _____.

story Ⓐ history

A [단어확인]   다음 단어에 해당하는 우리말 뜻을 쓰세요.

1 ancient	_____	**9** fountain	_____
2 aqueduct	_____	**10** private	_____
3 brick	_____	**11** toxic	_____
4 cement	_____	**12** in great numbers	_____
5 spring	_____	**13** constantly	_____
6 carry away	_____	**14** public	_____
7 flow into	_____	**15** container	_____
8 lead	_____	**16** connect	_____

B [영작훈련]   괄호 안의 단어들을 올바른 순서로 배열하여 문장을 완성하세요.

1 이 송수로들은 보통 돌, 벽돌, 그리고 시멘트로 만들어졌다. (stone, were, made of, usually, and cement, brick)

These aqueducts _____.

2 그것들은 샘이나 강으로부터 마시고 목욕하기 위한 신선한 물을 가져왔다. (brought, fresh water, they, for, and, drinking, bathing)

_____ from springs or rivers.

3 그것들은 또한 사용한 물과 폐기물을 운반하기도 했다. (and, waste, used water, carried away)

They also _____.

4 물이 송수로들을 통해 도시에 도착했을 때, 그것은 주탱크로 흘러들어갔다. (aqueducts, got to, through, when, a city, the water)

_____, it flowed into a main tank.

5 납은 독성이 있지만, 로마인들은 많이 죽지 않았다. (although, is, toxic, lead)

_____, Romans did not die in great numbers.

A [단어확인] 다음 단어에 해당하는 우리말 뜻을 쓰세요.

1 mean _____   8 look for _____

2 a number of _____   9 remind _____

3 toad _____   10 tasty _____

4 still _____   11 meal _____

5 protect _____   12 in contrast _____

6 enemy _____   13 visible _____

7 insect _____   14 be full of _____

B [영작훈련] 괄호 안의 단어들을 올바른 순서로 배열하여 문장을 완성하세요.

1 이 색깔들은 동물들에게 단순히 좋은 외모보다 훨씬 많은 의미가 있다. (a lot, to animals, just, than, good looks, more)
These colors mean _____.

2 두꺼비가 가만히 앉아 있을 때, 그것은 바위처럼 보인다. (when, sits, the toad, still)
_____, it looks like a rock.

3 이것은 뱀과 같은 적들로부터 그것을 보호하는 데 도움이 된다. (helps, it, from, enemies, to protect, this)
_____ like snakes.

4 두꺼비가 바위처럼 보이기 때문에, 곤충들은 그것을 보지 못하고 가까이 올지도 모른다. (the toad, a rock, looks like, since)
_____, insects may not see it and come close.

5 화려한 색깔들은 새들에게 대신 더 맛있는 식사를 찾도록 상기시켜줌으로써 왕나비들을 보호한다.
(by reminding, to look for, a tastier meal, birds, instead)
The bright colors protect the Monarch butterflies _____
_____.

story A
psychology

A [단어확인] 다음 단어에 해당하는 우리말 뜻을 쓰세요.

1	unlucky	_____	**9** blame	_____
2	situation	_____	**10** upset	_____
3	respond	_____	**11** control	_____
4	anger	_____	**12** own	_____
5	uncomfortable	_____	**13** see the bright side	_____
6	happen	_____	**14** actually	_____
7	specific	_____	**15** various	_____
8	be full of	_____	**16** cause	_____

B [영작훈련] 괄호 안의 단어들을 올바른 순서로 배열하여 문장을 완성하세요.

1 그것은 당신에게 나쁜 일을 하는 사람들인가? (to you, bad, do, who, things, people)
Is it _____?

2 불편한 어떤 일이 생기면, 당신은 다른 종류의 생각들을 하기 시작한다. (you, kinds of, different, ideas, start, to make)
When something uncomfortable happens, _____.

3 그런 생각들 중 일부는 걱정이나 비난으로 가득 차 있다. (the ideas, worry or blame, are full of, some of)

_____

4 당신 자신의 생각만이 당신을 화나게 한다는 것을 기억해라. (your, that, thoughts, you, make, angry, own)
Please remember _____.

5 사물의 밝은 면을 보도록 노력해라. (see, bright, of, things, side, try to, the)

_____

A [단어확인]   다음 단어에 해당하는 우리말 뜻을 쓰세요.

1	partially _____	9	ancestor _____
2	recovered _____	10	reconstruct _____
3	skeleton _____	11	weigh _____
4	according to _____	12	upright _____
5	archeology _____	13	clearly _____
6	complete _____	14	evolution _____
7	in addition _____	15	motion _____
8	common _____	16	million _____

B [영작훈련]   괄호 안의 단어들을 올바른 순서로 배열하여 문장을 완성하세요.

1 부분적으로 복구된 골격이 에티오피아에서 발견되었다. (was, skeleton, found, a partially recovered)

_____ in Ethiopia.

2 과학자들에 의하면, 그녀는 약 320만 년 전에 살았다. (lived, years ago, she, about, 3.2 million)

According to scientists, _____.

3 Lucy는 매우 완전하기 때문에 고고학에서 매우 중요하다. (she, is, very important, in archeology, because, very complete)

Lucy is _____.

4 다른 해골들은 Lucy만큼 완전하지 않다. (aren't, Lucy, as, other skeletons, complete, as)

_____

5 그녀는 인간과 침팬지 사이의 마지막 공동 조상이라고 한다. (is, the last, ancestor, common, she, it is said that)

_____ between humans and chimpanzees.

story A people

A [단어확인] 다음 단어에 해당하는 우리말 뜻을 쓰세요.

1 blessing	_____	**8** response	_____
2 blind	_____	**9** adult	_____
3 deaf	_____	**10** recently	_____
4 appreciative	_____	**11** discover	_____
5 sight	_____	**12** return	_____
6 particular	_____	**13** realize	_____
7 be accustomed to	_____	**14** woods	_____

B [영작훈련] 괄호 안의 단어들을 올바른 순서로 배열하여 문장을 완성하세요.

1 모든 사람이 며칠 동안 눈이 멀고 귀가 들리지 않는다면 그것은 큰 축복일 것이다. (if, were, each human being, for a few days, blind and deaf)
It would be a blessing _____.

2 어둠은 그를 시력에 더 감사하게 만들 것이다. (more, appreciative of, make, sight, him)
Darkness would _____.

3 정적은 그에게 소리의 즐거움을 가르칠 것이다. (sound, the joys, of, him, teach)
Silence would _____.

4 가끔씩 나는 눈이 보이는 친구들에게 그들이 무엇을 보는지 알아보기 위해 시험을 했다. (what, to discover, they, see)
Now and then I have tested my seeing friends _____.

5 내가 만일 그런 대답에 익숙하지 않다면, 나는 그것을 믿을 수 없을 것이다. (if, accustomed to, weren't, I, such responses)
I couldn't believe it _____.

A [단어확인]　다음 단어에 해당하는 우리말 뜻을 쓰세요.

1 be born ＿＿＿＿　　8 take care of ＿＿＿＿

2 raise ＿＿＿＿　　9 take A to B ＿＿＿＿

3 unusual ＿＿＿＿　　10 once ＿＿＿＿

4 pocket ＿＿＿＿　　11 feed ＿＿＿＿

5 tail ＿＿＿＿　　12 usually ＿＿＿＿

6 tiny ＿＿＿＿　　13 another ＿＿＿＿

7 out of ＿＿＿＿　　14 example ＿＿＿＿

B [영작훈련]　괄호 안의 단어들을 올바른 순서로 배열하여 문장을 완성하세요.

1 동물들이 태어나면, 그들은 대개 그들의 어미에 의해서 길러진다. (by, mothers, are, usually, raised, their, they)
When animals are born, ＿＿＿＿＿＿＿＿＿＿.

2 그는 그의 새끼들이 충분히 크게 자랄 때까지 그 주머니 속에 둔다. (they, enough, until, grow, big)
He keeps his babies in the pocket ＿＿＿＿＿＿＿＿.

3 그는 그의 새끼들이 입 속에 있을 때조차 먹거나 다른 것을 할 수 있다. (his babies, when, are, his mouth, in, even)
He can eat and do other things ＿＿＿＿＿＿＿＿.

4 새끼 마모셋이 태어나면, 그것의 아빠는 그것을 닦아주고 돌본다. (when, marmoset, is, born, a baby)
＿＿＿＿＿＿＿＿, its father cleans it and takes care of it.

5 일단 새끼가 음식을 먹기 시작하면, 아빠가 그것에게 먹이를 먹일 것이다. (starts, food, once, the baby, to eat)
＿＿＿＿＿＿＿＿, the father will feed it.

story Ⓐ communication

A [단어확인] 다음 단어에 해당하는 우리말 뜻을 쓰세요.

1	conversation	_____	**8** follow	_____
2	share	_____	**9** bored	_____
3	get to the point	_____	**10** care about	_____
4	instead	_____	**11** hole	_____
5	lake	_____	**12** get lost	_____
6	without	_____	**13** either	_____
7	clear	_____	**14** deep	_____

B [영작훈련] 괄호 안의 단어들을 올바른 순서로 배열하여 문장을 완성하세요.

1 대화에서, 당신은 중요한 정보를 공유할 필요가 있다. (share, need to, information, you, important)

In a conversation, _____.

2 당신이 당신의 가족 여행에 대해 반 친구들에게 이야기한다고 가정해 보자. (family trip, about, talk, you, your, let's say)

_____ to your classmates.

3 그들은 구멍에 대해 관심이 없고, 그 이야기에서 길을 잃고 싶어 하지도 않는다. (don't, either, want, in the story, to get lost)

They don't care about the hole and _____.

4 대신에, 그들은 당신의 이야기 중 흥미로운 부분을 듣기 원한다. (to hear, of, your story, they, the interesting parts, want)

Instead, _____.

5 분명한 요점이 없으면, 듣는 사람들은 그 이야기를 쉽게 이해할 수 없다. (a, point, without, clear)

_____, listeners cannot easily understand the story.

A [단어확인]　다음 단어에 해당하는 우리말 뜻을 쓰세요.

1 research	_____	10 construction	_____
2 Antarctic	_____	11 method	_____
3 found	_____	12 bury	_____
4 British	_____	13 crush	_____
5 expedition	_____	14 string	_____
6 set up	_____	15 module	_____
7 bay	_____	16 structure	_____
8 previous	_____	17 construct	_____
9 various	_____	18 base	_____

B [영작훈련]　괄호 안의 단어들을 올바른 순서로 배열하여 문장을 완성하세요.

1 그것은 1956년 영국 탐험대에 의해 창설되었다. (was, it, founded, in 1956)

_____ by a British expedition.

2 탐험대는 Halley만에 그들의 기지를 세우기로 결정했다. (at Halley Bay, to set up, decided, their base)

The expedition _____.

3 그들은 다양한 건축법을 시도해 보았다. (various, have tried, they, methods, construction)

_____

4 처음 네 개는 모두 눈에 파묻혀서 붕괴되었다. (were, by, snow, buried, all)

The first four _____ and crushed.

5 Halley 6는 스키 위에 있어서 사람들이 적당한 장소로 그것을 되돌려 이동할 수 있다. (can, move, back, it, so, people)

Halley 6 is on skis _____ to the right place.

story A food

A [단어확인]   다음 단어에 해당하는 우리말 뜻을 쓰세요.

1	insect	_____	**9**	lizard	_____
2	expert	_____	**10**	sweet	_____
3	special	_____	**11**	feed on	_____
4	taste	_____	**12**	honeycomb	_____
5	culture	_____	**13**	in the wild	_____
6	for a long time	_____	**14**	audience	_____
7	snack	_____	**15**	grasshopper	_____
8	terrible	_____	**16**	mushroom	_____

B [영작훈련]   괄호 안의 단어들을 올바른 순서로 배열하여 문장을 완성하세요.

1 곤충 전문가인 David George Gordon은 음식에 대한 그의 특별한 취향으로 유명하다.
(special taste, famous, is, for, his, for food)
David George Gordon, an insect expert, _____.

2 그는 사람들이 오랫동안 곤충을 먹어 왔다는 것을 알게 되었다. (for a long time, people, eating insects, have been)
He found that _____.

3 그는 "곤충을 먹어 보는 건 어떨까?"라고 스스로 묻기 시작했다. (insects, eat, not, why)
He started to ask himself " _____?"

4 벌집나방 애벌레는 야생에서 벌집통을 먹기 때문에 단맛이 난다. (in the wild, feeds on, it, because, honeycombs)
The wax worm tastes sweet _____.

5 메뚜기를 먹는 아이들이 버섯은 좋아하지 않는다. (eat, grasshoppers, kids, who)
_____ don't like mushrooms.

A [단어확인]   다음 단어에 해당하는 우리말 뜻을 쓰세요.

1 justify	_____	**8** stress	_____
2 addiction	_____	**9** grade	_____
3 valuable	_____	**10** towards	_____
4 relieve	_____	**11** reasonable	_____
5 at least	_____	**12** overcome	_____
6 cautious	_____	**13** control	_____
7 benefit	_____	**14** action	_____

B [영작훈련]   괄호 안의 단어들을 올바른 순서로 배열하여 문장을 완성하세요.

1 그들은 좋은 성적을 위해 열심히 공부해야 한다. (they, work hard, good, for, have to, grades)

_____

2 당신은 이 세 가지 중에서 적어도 한 가지에 중독된 학생입니까? (a student, these three things, at least, one of, who, is addicted to)
Are you _____?

3 그것은 단지 지금을 위해서만이 아니라 미래를 위해서이기도 하다. (but, not only, for, for, now, the future)
It is _____.

4 컴퓨터 게임, 스마트폰, 그리고 인터넷을 주의하라. (be, computer games, smartphones, cautious, and, the Internet, about)

_____

5 자신의 행동을 조절하지 않으면, 미래의 문제를 처리하는 데 어려움을 겪을 것이다. (control, don't, if, you, your actions)

_____, you will have trouble dealing with future problems.

story A
sports

A [단어확인] 다음 단어에 해당하는 우리말 뜻을 쓰세요.

1 rubber _____

2 for fun _____

3 almost _____

4 especially _____

5 wood _____

6 source _____

7 absolutely _____

8 coal _____

9 instead _____

10 valuable _____

11 break apart _____

12 frozen _____

13 dung _____

14 since _____

15 pull _____

16 cart _____

17 street _____

18 anywhere _____

B [영작훈련] 괄호 안의 단어들을 올바른 순서로 배열하여 문장을 완성하세요.

1 진짜 하키용 퍽은 고무로 만들어져 있다. (of, made, are, rubber)
Real hockey pucks _____.

2 또 다른 종류의 퍽은 나무로 만들어진 것이었다. (kind of, another, was made of, puck, wood)

_____

3 사람들은 결국 완전히 공짜인 퍽의 새로운 공급원을 발견했다. (absolutely, of, pucks, was, free, that, a new source)
People finally found _____.

4 믿거나 말거나, 사람들은 종종 말똥의 얼어붙은 조각을 사용했다. (it, or, not, believe)
_____, people often used a frozen piece of horse dung.

5 그 당시에는 말이 모든 도시의 거리에서 수레를 끌었기 때문에, 사람들은 그것을 어디에서든 발견할 수 있었다. (on, city street, every, pulled, carts, since, horses)
_____ at that time, people could find it anywhere.

A [단어확인] 다음 단어에 해당하는 우리말 뜻을 쓰세요.

1 essential _____   9 deeply _____

2 bend _____   10 lie _____

3 knee _____   11 lower _____

4 thigh _____   12 belly _____

5 palm _____   13 release _____

6 in front of _____   14 tip _____

7 chest _____   15 basic _____

8 breathe _____   16 straighten _____

B [영작훈련] 괄호 안의 단어들을 올바른 순서로 배열하여 문장을 완성하세요.

1 만약 당신이 스트레칭 방법을 모른다면 여기 당신을 도와줄 몇 가지 조언이 있다. (don't, if, you, to, know, stretch, how)

_____, here are some tips to help you.

2 손바닥을 가슴 앞에 모은다. (your palms, in front of, together, put, your chest)

_____

3 무릎을 구부려서 가슴에 대고 손으로 그 주위를 감싼다. (your knees, to, bend, your chest)

_____ and put your hands around them.

4 팔을 매트에 놓고 양쪽 다리를 풀어준다. (your arms, put, the mat, on)

_____ and release both legs.

5 다리와 팔을 위로 똑바르게 올린다. (straighten, upward, your, legs and arms)

_____

story A story

A [단어확인]   다음 단어에 해당하는 우리말 뜻을 쓰세요.

1 receive _____   8 decide _____

2 gift _____   9 wrap _____

3 shiny _____   10 foil _____

4 ring _____   11 roll _____

5 necklace _____   12 surprising _____

6 co-worker _____   13 special _____

7 brightly _____   14 use up _____

B [영작훈련]   괄호 안의 단어들을 올바른 순서로 배열하여 문장을 완성하세요.

1 그녀는 그녀의 생일에 반지나 목걸이 같은 조금 반짝이는 것을 받기 원했다. (wanted, shiny thing, a little, to get)
She _____ for her birthday.

2 그들은 그녀에게 밝게 빛나는 훨씬 더 큰 것을 주고 싶어 했다. (wanted, a lot, her, thing, to give, bigger)
They _____ which shined brightly.

3 빛나는 무언가가 항상 선물로 주기 좋은 것은 아니다. (not, is, always, for, good, giving, a gift, as)
Something shiny _____.

4 그들은 그녀의 사무실의 모든 물건을 은박지로 싸기로 결정했다. (decided, everything, in her office, to wrap, with foil)
They _____.

5 그것은 두 시간 정도 걸렸으며, 그들은 두 통의 은박지를 다 썼다. (two, it, took, hours, about)
_____ and they used up two rolls of foil.

A [단어확인]   다음 단어에 해당하는 우리말 뜻을 쓰세요.

1	hummingbird	_____	**8**	wing	_____
2	species	_____	**9**	determine	_____
3	spider web	_____	**10**	flap	_____
4	proportion	_____	**11**	fact	_____
5	brain	_____	**12**	backwards	_____
6	weight	_____	**13**	among	_____
7	kingdom	_____	**14**	interesting	_____

B [영작훈련]   괄호 안의 단어들을 올바른 순서로 배열하여 문장을 완성하세요.

1 벌새는 세상에서 가장 작은 새이다. (the, in, the world, smallest, birds)
Hummingbirds are _____.

2 몇몇은 너무 작아서 심지어 큰 거미줄에 잡힐 수도 있다. (so, they, small, get caught, in, can even, that, a big spider web)
Some are _____.

3 그들은 그들이 방문한 모든 꽃을 기억할 정도로 충분히 똑똑하다. (enough, smart, to remember, they, every flower, have visited)
They are _____.

4 각각의 종은 다른 윙윙거리는 소리를 가지고 있다. (each, a, different, species, has, humming sound)

_____

5 하나의 흥미로운 사실은 그들은 뒤로 날 수 있는 유일한 새라는 것이다! (they, fly backwards, are, that, can, the only birds)
One interesting fact is that _____!

story A psychology

A [단어확인] 다음 단어에 해당하는 우리말 뜻을 쓰세요.

1	caring	_____	**8**	action	_____
2	treat	_____	**9**	kindness	_____
3	concern	_____	**10**	each other	_____
4	share	_____	**11**	neighbor	_____
5	care about	_____	**12**	in front of	_____
6	clear	_____	**13**	newspaper	_____
7	appreciate	_____	**14**	sometimes	_____

B [영작훈련] 괄호 안의 단어들을 올바른 순서로 배열하여 문장을 완성하세요.

1 배려하는 것은 우리가 서로를 어떻게 대하는가에 대한 것이다. (how, about, each other, treat, we)

Caring is _____.

2 우리는 타인에 대한 관심을 보여 주고 그들과 물건을 나눌 수 있다. (for others, show, we, can, concern)

_____ and share things with them.

3 당신은 당신의 아빠가 집을 치우는 것을 도울 수 있다. (the house, clean up, your dad, help)

You can _____.

4 당신은 당신의 이웃들에게 당신이 얼마나 많이 배려하는지 보여 준다. (how much, care, your neighbors, show, you)

You _____.

5 때때로, 사람들은 당신이 그들을 대하는 것과 같은 방식으로 당신을 대하지 않을 것이다. (the same way, you, treat, that, them, in)

Sometimes, people won't treat you _____.

A [단어확인]   다음 단어에 해당하는 우리말 뜻을 쓰세요.

1 prevent _____   8 put on _____

2 injury _____   9 battery _____

3 crash _____   10 hinder _____

4 important _____   11 provide _____

5 guarantee _____   12 protection _____

6 safety _____   13 cause _____

7 loose _____   14 serious _____

B [영작훈련]   괄호 안의 단어들을 올바른 순서로 배열하여 문장을 완성하세요.

1 자전거를 타든 스케이트보드를 타든, 헬멧은 머리 부상을 예방할 수 있다. (skateboard, a bike, or, riding, whether, are, you)

_____, a helmet can prevent head injuries.

2 당신은 자전거를 살 때 헬멧도 사야 한다. (when, a bike, buy, you)

You should get a helmet _____.

3 자전거를 타기 전에, 여러분은 헬멧을 써야 한다. (before, get on, your bike, you)

_____, you should put on your helmet.

4 헬멧을 쓴다고 당신의 안전이 보장되는 것은 아니다. (wearing, guarantee, does not, your safety, a helmet)

_____

5 우리는 자전거용 헬멧을 고르는 방법에 대해 알려줄 기본 조언들을 제공한다. (will tell, basic tips, you, how, that, a bike helmet, to choose)

We provide _____.

story A culture

A [단어확인] 다음 단어에 해당하는 우리말 뜻을 쓰세요.

1 popular _____ 8 enjoy _____
2 in fact _____ 9 British _____
3 nation _____ 10 during _____
4 essential _____ 11 most _____
5 national _____ 12 serve _____
6 nickname _____ 13 visitor _____
7 duty _____ 14 tea _____

B [영작훈련] 괄호 안의 단어들을 올바른 순서로 배열하여 문장을 완성하세요.

1 사실은 세계 각지의 사람들이 차 마시는 것을 즐긴다. (all, around, people, the world, tea, drinking, enjoy)
In fact, _____.

2 세계에서 가장 차를 많이 마시는 나라는 인도이다. (world's, the, tea, largest, nation, drinking)
_____ is India.

3 인도 사람들은 차를 아침과 저녁 음료로 마신다. (drink, as, a, breakfast, drink, and, evening, tea)
Indian people _____.

4 영국 사람들에게는, 일과 시간 중 차 마시는 휴식 시간은 하루 중 반드시 필요한 시간이다. (is, an essential part, working hours, a tea break, during, of the day)
For the British, _____.

5 이집트에서 차의 별명은 '의무'인데, 방문객에게 차를 대접하는 것은 의무이기 때문이다. (as, is, a duty, to a visitor, serving tea)
A nickname for tea in Egypt is "duty," _____.

A [단어확인] 다음 단어에 해당하는 우리말 뜻을 쓰세요.

1 get to   _____   8 pick on   _____
2 loud   _____   9 send out   _____
3 scary   _____   10 hold up   _____
4 be afraid of   _____   11 stand up   _____
5 turn away   _____   12 frightened   _____
6 pass by   _____   13 bullying   _____
7 notice   _____   14 ignore

B [영작훈련] 괄호 안의 단어들을 올바른 순서로 배열하여 문장을 완성하세요.

1 매일 학교에서, 그가 보는 첫 번째 아이들 중 한 사람이 Mike이다. (is, Mike, one of, he, sees, the first, whom, kids)
Every day at school, _____.

2 그는 Mike를 지나칠 때 머리를 숙인 채 걷거나 회피한다. (with, head, his, walks, down)
He _____ or turns away when he passes by Mike.

3 그는 Mike가 자신을 알아채지 않기를 바란다. (won't, him, notice, Mike, he, that, hopes)
_____

4 Mike는 Ted를 볼 때, 자기가 괴롭힐 만한 누군가를 발견했다고 생각한다. (someone, to, pick on, has found, he)
When Mike sees Ted, he thinks that _____.

5 그 메시지는 괴롭힘이 시작되기 전에 그것을 막을 수 있다. (might, the bullying, it, starts, before, stop, the message)
_____

story A history

A [단어확인]   다음 단어에 해당하는 우리말 뜻을 쓰세요.

1 be bad for _____
2 health _____
3 valuable _____
4 preserve _____
5 invention _____
6 government _____
7 tax _____
8 cause _____

9 conflict _____
10 peaceful _____
11 protest _____
12 march _____
13 arrest _____
14 independence _____
15 awareness _____
16 injustice _____

B [영작훈련]   괄호 안의 단어들을 올바른 순서로 배열하여 문장을 완성하세요.

1 우리는 더 오래 살기 위해 소금을 덜 먹어야 한다. (longer, less salt, to live, eat, should)
We _____.

2 소금은 냉장고 발명 전에 음식을 보존하기 위해 사용되었다. (to, salt, used, preserve, food, was)
_____ before the invention of refrigerators.

3 Mohandas Gandhi는 평화로운 시위를 이끌기로 결심했다. (protest, a, to lead, peaceful, decided)
Mohandas Gandhi _____.

4 영국 식민 정부가 인도 사람들에게 소금을 사고 높은 세금을 낼 것을 요구했다. (and, required, Indians, pay high taxes, to buy salt)
The British colonial government _____.

5 그 소금 행진은 인도에서 영국의 부당성에 대한 국제적 인식을 불러 일으켰다. (international, awareness, raised, British injustices, of, in India)
The Salt March _____.

A [단어확인]　다음 단어에 해당하는 우리말 뜻을 쓰세요.

1	starfish	_____	8	species	_____
2	marine	_____	9	tip	_____
3	seashore	_____	10	kind	_____
4	tiny	_____	11	near	_____
5	wave	_____	12	appearance	_____
6	rock	_____	13	gently	_____
7	in place	_____	14	habitat	_____

B [영작훈련]　괄호 안의 단어들을 올바른 순서로 배열하여 문장을 완성하세요.

1 불가사리는 또한 sea star라고도 불린다. (a sea star, called, also, a starfish, is)

_____

2 불가사리는 1센티미터만큼 작을 수 있다. (as, as, one, small, centimeter)

Starfish can be _____.

3 만약 조심스럽게 불가사리를 집어 올리면, 그것의 팔 아래에 있는 작은 관들을 볼 수 있을 것이다. (if, a starfish, you, gently pick up)

_____, you can see tiny tubes under its arms.

4 파도가 바위 위에 있는 불가사리들을 덮칠 때, 이 작은 발들이 그것을 제자리에 붙든다. (the starfish, on, waves, hit, the rocks, when)

_____, the tiny feet hold it in place.

5 대부분의 불가사리들은 다섯 개의 팔을 가지고 있지만, 몇몇 종들은 더 많이 가지고 있다. (but, have, many, more, some species)

Most starfish have five arms, _____.

story Ⓐ history

A [단어확인]   다음 단어에 해당하는 우리말 뜻을 쓰세요.

1 emperor _____   8 accumulation _____
2 develop _____   9 wealth _____
3 trade _____   10 A as well as B _____
4 stretch _____   11 consist of _____
5 merchant _____   12 pathway _____
6 helpful _____   13 connect _____
7 development _____   14 possible _____

B [영작훈련]   괄호 안의 단어들을 올바른 순서로 배열하여 문장을 완성하세요.

1 황제는 무역을 가능하게 하기 위해 비단길을 개발하기 시작했다. (to develop, began, trade, the Silk Road, possible, to make)
The Emperor _____.

2 비단길은 서로 연결되어 있는 수많은 작은 좁은 길들로 이루어졌다. (smaller pathways, consisted, many, of)
The Silk Road _____ that were connected.

3 그것은 육로와 수로에 걸쳐 거의 5,000마일에 뻗어나갔다. (nearly, land and water, stretched across, 5,000 miles of)
It _____.

4 그들은 비단을 중국에서 서방으로 들여왔다. (brought, from, into, the West, China, silk)
They _____.

5 비단길은 이집트와 다른 국가들뿐만 아니라 중국과 로마 모두의 무역 발달에 도움이 되었다. (as well as, in both China and Rome, in Egypt and other nations)
The Silk Road became helpful in the development of trade _____
_____.

A [단어확인]   다음 단어에 해당하는 우리말 뜻을 쓰세요.

1 tired	_____	**8** focus	_____
2 exercise	_____	**9** stay	_____
3 straight	_____	**10** healthy	_____
4 repeat	_____	**11** simple	_____
5 rest	_____	**12** second	_____
6 strengthen	_____	**13** move away	_____
7 muscle	_____	**14** in front of	_____

B [영작훈련]   괄호 안의 단어들을 올바른 순서로 배열하여 문장을 완성하세요.

1 오랜 시간 컴퓨터 사용 후 눈이 피곤해지나요? (after, of, using, long hours, the computer)

Do you get tired eyes _____?

2 다음, 가능한 한 위를 본 후 아래를 내려다 보세요. (as, look, possible, high, as)

Next, _____ and then, look down.

3 당신은 또한 펜을 사용하여 눈 근육을 강화시킬 수 있습니다. (a pen, by, eye muscles, strengthen, your, using)

You can also _____.

4 당신의 초점을 잃지 않은 채 펜을 코를 향해 천천히 가져오세요. (your nose, your focus, without, towards, losing)

Slowly bring the pen _____.

5 이러한 운동을 함으로써 당신은 당신의 눈이 건강을 유지하도록 도울 수 있습니다. (you, stay, your eyes, healthy, can, help)

By doing these exercises, _____.

story A story

A [단어확인] 다음 단어에 해당하는 우리말 뜻을 쓰세요.

1 campsite _____
2 put up _____
3 delicious _____
4 sunset _____
5 peace _____
6 bug _____

7 annoying _____
8 amazing _____
9 go camping _____
10 cook _____
11 make a fire _____
12 take a walk _____

B [영작훈련] 괄호 안의 단어들을 올바른 순서로 배열하여 문장을 완성하세요.

1 그것이 내가 처음 캠핑을 갔던 때이다. (camping, to go, time, my, it, first, was)

_____

2 나는 텐트를 치는 것이 어려울 것이라고 생각했지만, 그것은 쉬웠다. (to put up, I thought, would, it, be hard, the tent)

_____, but it was easy.

3 아름다운 석양을 즐기고 난 후에 우리는 텐트에 들어가서 카드놀이를 했다. (a beautiful sunset, we, after, enjoyed)

_____, we went into the tent and played cards.

4 우리가 일어났을 때, 해는 떠 있었고 우리는 강을 따라서 산책을 했다. (and, the sun, took a walk, along the river, was out, we)
When we woke, _____.

5 하늘은 파랬고 나뭇잎들은 놀라운 색깔로 변해가고 있었다. (the leaves, amazing colors, turning, were)
The sky was blue and _____.

A [단어확인] 다음 단어에 해당하는 우리말 뜻을 쓰세요.

1	kind	_____	**7**	safe	_____
2	dark	_____	**8**	predator	_____
3	own	_____	**9**	turn on	_____
4	bacteria	_____	**10**	turn off	_____
5	give off	_____	**11**	easily	_____
6	attract	_____	**12**	meal	_____

B [영작훈련] 괄호 안의 단어들을 올바른 순서로 배열하여 문장을 완성하세요.

1 한 종류는 어둠 속에서 헤엄치기를 정말 좋아한다. (to swim, likes, really, one kind, in the dark)

_____

2 발광눈금돔은 각각의 눈 아래에 박테리아 주머니를 가지고 있다. (bacteria, each eye, of, under, a pocket)
The flashlight fish has _____.

3 그 빛은 먹이를 끌어 모으기 위해 사용된다. (is, the light, used, food, to attract)

_____

4 빛이 켜지면 작은 물고기들은 그것을 보고 그것을 향해 헤엄쳐 온다. (when, see it, turns on, the light, smaller fish)

_____ and swim to it.

5 발광눈금돔은 쉽게 그것들을 잡아서 식사를 즐길 수 있다. (easily, catch, can, a meal, them, and, enjoy)
The flashlight fish _____.

MEMO

사뿐

중학 사회
중학 역사

사회를 한 권으로
가뿐하게!

필독

중학 국어로 수능 잡기

✦ **필독** 중학 국어로 수능 잡기 시리즈

| 문학 | 비문학 독해 | 문법 | 교과서 시 | 교과서 소설 |

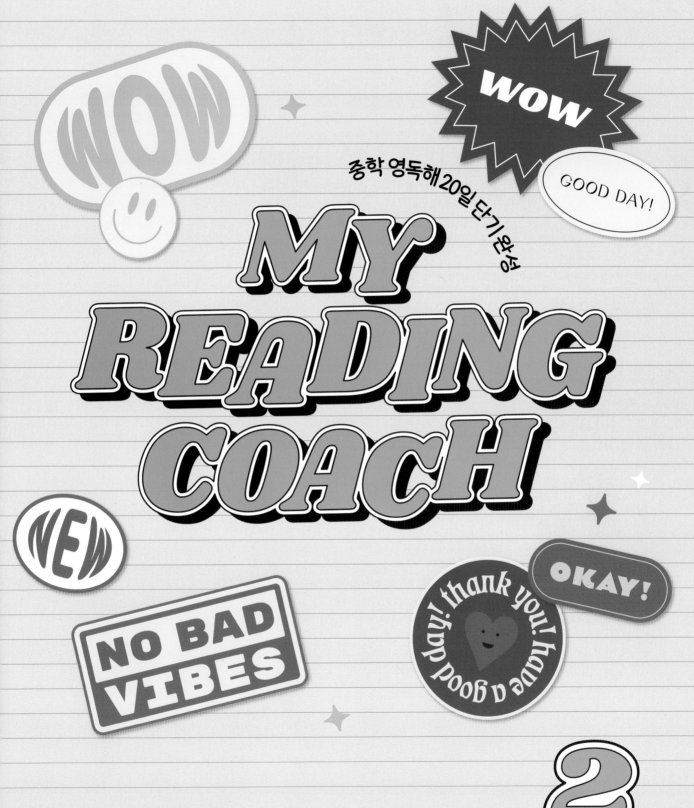

정답과 해설

story Ⓐ

◦ 소재 'Hello'의 사용

⊃ 본책 6쪽

◦ 정답

1 ⑤　**2** ①　**3** ②　**4** a. ①　b. ③　c. ②

◦ 해석

사람들은 전화를 받을 때 'Hello'라고 말한다. 이것은 1883년에 인사말로 처음 사용되었다. 그것은 전화기를 발명한 에디슨과 그의 동료들에 의해서 만들어졌다. 에디슨은 'Hello'라는 말이 장거리 통화에서 쉽고 분명하게 들린다고 생각했다. 'Hallo'나 'Halloo'와 같은 비슷한 단어들도 통화 중인 다른 사람의 주목을 끌기 위해 사용되었다. 하지만, 전화기의 최초 발명가인 알렉산더 그레이엄 벨은 사람들이 'Ahoy'라는 단어를 쓰기를 원했다. 시간이 지남에 따라, 에디슨의 인사말인 'Hello'가 더욱 인기 있게 되었다. 그레이엄 벨은 그 생각을 절대 받아들이지 않았고, 그래서 그는 남은 생애 동안에 'Ahoy'를 사용했다.

◦ 해설

1 쉽고 분명하게 들리는 Hello가 전화 인사로 인기를 끌고, 많은 사람들이 사용하고 있다는 사실을 벨은 인정하지 않았다는 내용이 와야 자연스러우므로 accepted가 알맞다.

2 이 글은 전화 통화할 때 사용하는 Hello가 처음 사용된 배경과, 그것이 비슷한 몇몇 인사말과 함께 쓰이다가 가장 보편적인 인사말로 쓰이게 된 과정에 대한 내용이다.
① 'Hello'라는 단어가 어떻게 시작하였는가? ② 새로운 기술은 단어의 변화를 가져온다 ③ 첫 만남에서 사람들에게 인사하는 방법 ④ 'Ahoy': 역사상 최초의 전화 인사 ⑤ 'Hello'와 'Ahoy'의 본래 의미

3 에디슨이 Hello가 장거리 통화에서 쉽고 분명하게 들린다고 생각했다는 내용은 있으나, 그 이유에 대한 설명은 언급되지 않았다.
① 언제 사람들이 처음으로 'Hello'라는 단어를 사용했나? – 1883년에 Hello라는 단어가 처음 사용되었다. ② 'Hello'라는 단어가 쉽게 들리는 이유가 무엇이었나? ③ 어떤 단어들이 'Hello'와 비슷했나? – Hallo나 Halloo가 비슷했다. ④ 누가 처음으로 전화기를 발명했나? – 최초의 전화기 발명가는 알렉산더 그레이엄 벨이다. ⑤ 어떤 전화 인사말이 더욱 인기 있게 되었나? – 훗날 에디슨이 제안한 Hello가 Ahoy보다 더 인기를 얻었다.

4 a. 거리 – ① 두 장소 사이의 길이　b. 주의, 관심 – ③ 누군가가 어떤 것에 보이는 흥미　c. 나머지 – ② 남아 있는 것들

◦ 구문

· People say 'Hello' **when** they answer the telephone.
→ 이 문장에서 when은 '언제'가 아니라 '~할 때'의 의미를 나타내는 접속사로 쓰였다. when 이하의 내용을 문장 앞으로 위치를 바꿔 쓸 수도 있다.

· It was made up by Edison and his coworkers **who** invented the telephone.
→ 관계대명사 who는 '~하는 사람'이라는 의미로, 이 문장에서는 who가 이끄는 관계대명사절이 Edison and his coworkers를 꾸며준다.

⊃ 워크북 88쪽

Workbook

Ⓐ **1** 인사, 인사말 **2** 동료 **3** 발명하다 **4** 쉽게 **5** 분명하게 **6** 거리 **7** 비슷한 **8** (마음이나 주의를) 끌다 **9** 주의, 관심 **10** 발명가 **11** 인기 있는 **12** 받아들이다, 수용하다 **13** 나머지 **14** 부인하다 **15** 통화 중인 **16** 만들다

Ⓑ **1** was first used as a greeting **2** It was made up by Edison and his coworkers **3** The word 'Hello' was heard easily and clearly **4** wanted people to use the word 'Ahoy' **5** As time went on, the Edison's greeting became more popular.

🔹**정답**

1 ② 　　2 Dogs have smaller brains than wolves 　　3 ③ 　　4 a. stupid b. behavior

🔹**해석**

믿건 안 믿건 간에, 모든 개는 일종의 늑대이다. 400종이 넘는 개들이 있는데, 각각은 야생 늑대로부터 진화한 것들이다. 그러나 개들과 늑대들은 많은 면에서 다르다. 개들은 사냥을 할 필요가 없기 때문에 늑대들보다 작은 두뇌를 가지고 있다. 그러나 이것이 그들이 멍청하다는 것을 의미하는 것은 아니다. 사실 개들이 인간의 행동을 이해하는 데 더 뛰어나다. 개들은 또한 늑대들보다 더 작은 이빨을 가졌다. 그러나 늑대와 개의 주요한 차이는 대부분의 개들은 사람들과 함께 사는 것을 좋아하는 반면, 늑대는 사람들 주위에 있는 것을 좋아하지 않는다는 것이다.

🔹**해설**

1 이 글은 개와 늑대의 차이에 대해 설명하고 있는 글이다.
　① 누가 더 똑똑한가, 개 아니면 늑대?
　② 개는 늑대와 어떻게 다른가?
　③ 왜 개들은 사람들과 함께 사는 것을 좋아하는가?
　④ 어떻게 개들은 야생 늑대로부터 진화하였나?
　⑤ 세상에는 얼마나 많은 종의 개들이 있는가?

2 밑줄 친 this는 앞 문장에서 언급된, 개들이 늑대보다 더 작은 두뇌를 가졌다는 것을 가리킨다.

3 인간 행동을 이해하는 것은 개가 늑대보다 낫다는 내용이 본문에 제시되어 있다.

4 a. 네 핑크색 모자를 쓰지 마라, 네가 멍청하게 보인다.
　b. 그 아이의 못된 행동이 모든 사람을 화나게 했다.

🔹**구문**

• In fact, dogs **are better at understanding** human behavior.
　→ be good at은 '~을 잘하다'의 뜻이며, 이 문장에서는 개가 늑대보다 더 잘한다는 의미로 good의 비교급인 better가 사용되었다. 전치사 다음에 동사가 올 때는 동명사(-ing)의 형태로 써야 한다.
• ~ a wolf doesn't like to be around people, **while** most dogs love living with people.
　→ 이 문장에서 접속사 while은 '~인 반면에'의 뜻으로 둘 사이의 대조를 나타내기 위해 사용되었다.

🔹워크북 89쪽

Workbook 　Ⓐ 1 늑대 2 품종 3 진화하다, 변하다 4 야생의, 거친 5 두뇌, 뇌 6 사냥하다 7 의미하다 8 멍청한 9 인간의; 인간 10 행동 11 차이(점) 12 ~인 반면에 13 이해하다, 알다 14 A와 B 사이에
　Ⓑ 1 and each one evolved from the wild wolf 2 because they don't need to hunt 3 dogs are better at understanding human behavior 4 have smaller teeth than wolves 5 while most dogs love living with people

story A

소재 여러 나라의 생일 풍습

➲본책 10쪽

정답

1 ④   **2** Birthdays, different   **3** ③   **4** a. ① b. ③ c. ②

해석

당신은 생일을 어떻게 축하하는가? 케이크를 먹거나 풍선으로 장식하는가? 전 세계에서 사람들은 다르게 생일을 축하한다. 일본 사람들은 생일인 사람에게 10개의 선물을 주는데, 숫자 10이 행운을 의미하기 때문이다. 이슬람교 국가의 사람들은 종종 행운을 북돋기 위해 초록색 선물 포장을 사용한다. 인도에서는, 몇몇 사람들이 아이의 첫 번째 생일날 머리를 밀어준다. 아일랜드에서, 사람들은 생일을 맞은 아이를 거꾸로 뒤집어 아이의 머리를 바닥에 부딪치게 한다. <u>다른 나라들은 특별한 음식으로 축하한다.</u> 극동 지역에서, 사람들은 케이크 대신에 생일에 쌀밥을 먹는다. 러시아에서는, 사람들이 그 위에 생일 메시지가 있는 과일파이를 만든다.

해설

1 극동 지역의 쌀밥, 러시아의 과일파이 등 음식으로 생일을 축하해 주는 사례들 바로 앞에 제시 문장이 와야 자연스럽다.

2 이 글은 세계 여러 나라의 다양한 생일 풍습에 대한 것이므로, 주어진 요약문이 이를 표현하는 데 빠진 정보가 무엇인지 점검해본다.

> 생일은 많은 나라에서 축하되지만, 그들의 관습은 다르다.

3 아일랜드에서는 생일을 축하하기 위한 풍습으로 아이를 거꾸로 뒤집어 머리를 부딪치게 하는 풍습이 있다.

4 a. 면도하다 – ① 어떤 것의 털을 자르다
   b. 부딪치다 – ③ 당신이 움직이는 동안 우연히 무엇인가를 치다
   c. 북돋다 – ② 무슨 일이 일어나거나 증가하게 하다

구문

· In Ireland, people **lift** the birthday child upside down *and* **bump** his or her head on the floor.
   → 주어는 people이고, 두 개의 동사 lift와 bump가 등위접속사 and로 연결되어 있다.

➲워크북 90쪽

Workbook

Ⓐ **1** 풍선 **2** 선물 **3** 장식하다 **4** 관습, 풍습 **5** 행운 **6** 선물포장 **7** (기운을) 북돋다 **8** (행)운 **9** 면도하다 **10** 쿵 부딪치다 **11** 축하하다, 기념하다 **12** 메시지 **13** 다르게 **14** ~ 대신에 **15** 극동 지역 **16** 거꾸로

Ⓑ **1** How do you celebrate birthdays? **2** use green gift wrapping to encourage good fortune **3** shave a child's head on his or her first birthday **4** people lift the birthday child upside down **5** Other countries celebrate with special food.

● **소재** 친구의 어려움에 무심했던 닭

➲ 본책 12쪽

● **정답**

1 ⑤　**2** ①　**3** ⑤　**4** a. owner b. unconcerned

● **해석**

옛날 옛적에 어떤 집에 쥐 한 마리가 살았다. 어느 날 집 주인은 쥐덫을 샀다. 그 쥐는 무서웠다! 그는 도움을 얻기 위해 닭에게 달려갔다. 그는 "집에 쥐덫이 있어!"라고 말했다. "음, 그것은 내가 상관할 바가 아니야."라고 닭이 답했다. 그 쥐는 슬펐다. 어느 날 밤, 쥐덫에서 큰 소리가 들렸다. 그 주인의 아내가 쥐덫으로 달려갔다. 어두웠기 때문에 그녀는 쥐덫에 뱀이 걸려든 것을 보지 못했다. 그녀가 뱀에게 가까이 갔을 때, 그것이 그녀를 물었다. 그 다음 날 그 주인은 아픈 아내를 위해 치킨 수프를 만들기로 결정했다. 그는 주재료를 얻기 위해 나갔다. 당신은 그 무심한 닭에게 무슨 일이 일어났는지 짐작할 수 있는가?

● **해설**

1　ⓐⓑ는 쥐, ⓒⓔ는 닭, ⓓ는 집주인을 가리킨다.

2　치킨 수프를 만들기 위해서는 닭이 필요하므로 주인이 닭을 잡는 장면이 이어질 내용으로 적절하다.

3　주인이 치킨 수프 만드는 법을 어디서 배웠는지는 알 수 없다.
　　① 쥐는 왜 무서워했는가?
　　② 닭은 쥐를 도와주었는가?
　　③ 주인의 부인에게 무슨 일이 생겼는가?
　　④ 주인은 그의 부인을 위해 무엇을 만들기로 결정했는가?
　　⑤ 주인은 치킨 수프 만드는 법을 어디에서 배웠는가?

4　a. 김 씨는 해변가에 있는 그 아름다운 집의 주인이다.
　　b. Jack은 그의 여동생에게 관심을 가지거나 걱정하지 않는다. 그는 너무 무심하다.

● **구문**

· **When** she got near the snake, it bit her.
　→ When은 '~할 때'의 뜻을 가진 접속사이다.
· The next day, the owner **decided to make** some chicken soup for his sick wife.
　→ decide는 to부정사를 목적어로 취하는 동사로 이와 같은 동사에는 want, wish, hope, plan 등이 있다.

➲ 워크북 91쪽

Workbook　Ⓐ **1** 주인 **2** 쥐덫 **3** (관여되는) 일, 소관 **4** 소음, 소리 **5** 물다 **6** 결정하다 **7** 재료 **8** 무심한 **9** 무서워 하는, 겁먹은 **10** 닭 **11** 대답하다, 응답하다 **12** 시끄러운, 큰 **13** 부인, 아내 **14** 뱀
Ⓑ **1** a loud noise was heard from the mousetrap **2** She didn't see that a snake was caught **3** When she got near the snake **4** the owner decided to make some chicken soup **5** Can you guess what happened

story A   **• 소재** 성격과 입는 옷의 관계   ⊃ 본책 14쪽

• 정답

1 ④   **2** ③   **3** dark, cheerful   **4** a. ③ b. ② c. ①

• 해석

당신은 지금 어떤 옷을 입고 있나요? 무늬가 없는 옷을 입고 있나요 아니면 선명한 무늬의 옷을 입고 있나요? 어떤 패션 전문가들은 사람들의 옷 색깔과 무늬가 그들의 성격에 대해 많은 것을 말해준다고 생각합니다. 예를 들면, 빨강, 노랑이나 오렌지색과 같은 밝은 색깔의 옷을 입는 사람들은 종종 쾌활하고 친절합니다. 갈색, 회색이나 검정색과 같은 어두운 색을 입는 사람들은 더 진지하고 조용한 유형입니다. 줄무늬나 체크무늬 같은 선명한 무늬의 옷을 입는 사람들은 보통 매우 사교적입니다. 모든 전문가들이 옳은 것은 아니겠지만, 당신이 입는 옷이 당신에 대해 무언가를 말하고 있다는 것은 아마도 사실일 것입니다.

• 해설

1 옷 색깔과 무늬가 옷을 입는 사람에 대해 많은 것을 말해준다는 일반적인 내용에 이어 빈칸 뒤에 그 구체적인 사례가 나오므로 For example(예를 들어)이 흐름상 자연스럽다.

① 마침내 ② 그러나 ③ 그러므로 ④ 예를 들면 ⑤ 우선

2 이 글은 옷과 그 옷을 입는 사람의 성격과의 관계에 대해 이야기하고 있는 글이다.

① 우리는 모든 전문가가 옳지는 않다는 것을 알아야 한다. ② 어떤 사람들은 다른 사람들의 옷에 대해 이야기하는 것을 좋아한다. ③ 당신의 옷이 당신의 성격에 대해 무언가를 말해준다. ④ 밝은 색깔은 종종 사람들을 쾌활하고 친절하게 만든다. ⑤ 당신 옷의 색깔은 당신의 성격을 변화시킬 수 있다.

3 밝은 옷을 입는 사람들은 보통 쾌활하고 친절하며, 어두운 색의 옷을 입는 사람들은 좀 더 진지하고 조용하다고 했다.

> 쾌활하고 친절한 사람은 밝은 색깔의 옷을 입는 것을 좋아하는 반면에 진지한 사람은 보통 어두운 색의 옷을 입는다.

4 a. 진지한 − ③ 사려 깊고 조용하며 자주 웃지 않는
b. 전문가 − ② 한 주제에 대해 많이 알고 있는 사람
c. 무늬 − ① 선, 모양, 색 등의 디자인

• 구문

· Some fashion experts think (**that**) the color and pattern of people's clothes say a lot ~.
→ think 다음에 명사절을 이끄는 접속사 that이 생략된 구문이다. 명사절의 주어는 the color and pattern of people's clothes, 동사는 say이다.

· **Not all** experts are right, but ~.
→ 부정어인 not과 전체를 나타내는 단어인 all, every 등이 결합하면 부분부정이 되어 '모두가 ~한 것은 아니다'의 뜻이 된다.

⊃ 워크북 92쪽

Workbook

Ⓐ **1** 무늬가 없는 **2** 전문가 **3** 무늬 **4** 성격 **5** 밝은, 선명한 **6** 쾌활한 **7** 진지한, 심각한 **8** (무늬가) 선명한, 대담한 **9** 아마도 **10** 상냥한, 친절한 **11** 줄무늬(의) **12** 옷 **13** 조용한 **14** 사교적인, 사회적인 **15** 패션 **16** 예를 들면

Ⓑ **1** think the color and pattern of people's clothes say a lot **2** People who wear bright colors **3** more serious and quiet types **4** People who wear clothes with bold patterns **5** Not all experts are right

◆**소재** Amelia Earhart

◯본책 16쪽

◆**정답**

1 ② **2** ① **3** ④ **4** a. desire b. talent

◆**해석**

많은 사람들은 Charles Lindbergh라는 이름에 익숙하다. 그는 뉴욕에서 파리까지 무착륙 비행을 해냈다. 그러나 당신은 대서양과 태평양을 비행해서 건넌 최초의 여성을 아는가? 전설적인 비행사 Amelia Earhart는 23살에 비행을 시작했다. 그녀는 항공 쇼에 가서 비행에 대한 갈망을 발견했다. 비록 그녀는 천부적인 비행 재능을 가지고 태어나지는 않았지만, 열정적으로 많은 노력을 쏟아부었다. 1932년에 그녀는 안개와 연료 누출 같은 비상 상태를 극복하면서 대서양을 날아서 건너는 데에 성공했다. 지금까지도 Amelia Earhart는 그녀의 용기와 개척 정신으로 인해 기억되고 있다.

◆**해설**

1 대서양과 태평양을 비행해서 건넌 남자와 여자 비행사를 대비하여 보여주고 있으므로 빈칸에는 However가 적절하다.
  ① 마침내 ② 그러나 ③ 그러므로 ④ 결과적으로 ⑤ 그럼에도 불구하고
2 be familiar with: ~에 친숙하다, 익숙하다
  be born (with): ~ 을 가지고 태어나다
  be remembered for: ~로 인해 기억되다
3 Amelia는 항공 쇼를 보고 나서 비행에 대한 갈망을 깨닫게 되었지만, 왜 그 쇼를 보았는지는 나타나 있지 않다.
  ① Charles Lindbergh는 누구였는가?
  ② 대서양과 태평양을 비행해서 건넌 최초의 여자 비행사는 누구였는가?
  ③ Amelia Earhart가 언제 비행을 시작했는가?
  ④ Amelia Earhart는 왜 항공 쇼에 갔는가?
  ⑤ 1932년에 Amelia Earhart에게 무슨 일이 일어났는가?
4 a. 나는 나쁜 성적을 받았어. 더 이상 공부할 욕구가 없어.
  b. 모차르트는 매우 어린 나이에 훌륭한 음악적 재능을 보였다.

◆**구문**

· Amelia Earhart, a legendary pilot, **started flying** at 23.
  → start는 동명사 또는 to부정사를 목적어로 취하므로 이 구문은 started to fly로도 쓸 수 있다. 동명사와 to부정사를 모두 목적어로 취하는 동사들로는 begin, continue, love, like 등이 있다.
· To this day, Amelia Earhart **is remembered** for her courage and pioneering spirit.
  → 「be동사+p.p.」의 수동태 구문으로, Earhart의 용기와 개척 정신으로 인해 그녀가 사람들에게 기억되는 것을 나타낸다.

◯워크북 93쪽

Workbook Ⓐ **1** 무착륙 비행 **2** 바다, 대양 **3** 전설적인, 전설의 **4** 비행사 **5** 항공[비행] 쇼 **6** 발견하다 **7** 갈망, 욕구 **8** 천부적인, 타고난 **9** 열렬히, 열정적으로 **10** 비상 **11** 극복하다 **12** 연료 누출 **13** 용기 **14** 개척적인, 선구적인 **15** 재능 **16** 정신
Ⓑ **1** Many people are familiar with the name **2** a legendary pilot, started flying at 23 **3** Although she wasn't born with natural flying talents **4** while overcoming emergencies like fog and a fuel leak **5** is remembered for her courage and pioneering spirit

story A

소재 도마뱀과 로봇

➔ 본책 18쪽

정답

1 ②　　2 빠르게 움직이고 벽을 기어오를 수 있는 능력　　3 designed[made/created], gecko's feet
4 a. invisible b. Instead

해석

로봇 디자이너들에게 자연은 새로운 아이디어로 가득하다. 한 과학자는 작은 도마뱀인 도마뱀붙이로부터 아이디어를 얻어 기어오르는 로봇을 만들었다. Stickybot이라는 이름의 도마뱀을 닮은 이 로봇은 생물학과 로봇 기술로 창조되었다. 그것이 'Stickybot'이라고 불리긴 하지만, 그것의 발이 풀처럼 실제로 '달라붙는' 것은 아니다. 대신에, 그것은 진짜 도마뱀붙이가 그러하듯이, 매우 가늘고 거의 보이지 않는 많은 털을 갖고 있다. 그래서 Stickybot은 빠르게 움직이고 심지어 벽을 기어오를 수 있다. 이 놀라운 능력들 때문에, 군대의 사무관들은 Stickybot에 관심을 가지게 되었고 적에 대한 스파이 활동을 위해 그것을 사용하길 원한다.

해설

1　주어진 문장은 Stickybot이 이름과는 달리 실제로 달라붙는 것은 아니라는 내용이다. 그러므로 이 문장을 Instead로 연결하여 달라붙는 것처럼 보이는 진짜 이유를 언급하고 있는 문장 앞인 ⓑ에 오는 것이 알맞다.

2　these는 '이러한'이라는 뜻으로, 앞 문장에서 관련 내용을 찾아본다. 빠르게 움직이고 벽을 기어오를 수 있는 것을 놀라운 능력으로 지칭하고 있음을 알 수 있다.

3

> Stickybot은 도마뱀붙이의 발 표면에서 아이디어를 얻은 한 과학자에 의해 고안되었다.

4　a. 어떤 별들은 눈에 보이지 않아서, 과학자들은 그것들을 보기 위해 망원경을 사용한다.
　　b. 그녀는 레몬차를 만들기 위해 설탕을 사용하지 않았다. 대신에 그녀는 꿀을 사용했다.

구문

· This gecko-like robot, **named** Stickybot, was created with biology and robot technology.
　→ named 앞에 「주격 관계대명사+be동사」인 which was가 생략된 형태로 과거분사구인 named Stickybot 이 앞의 명사 This gecko-like robot을 꾸며 준다.
· Instead, it has plenty of very thin, almost invisible hairs, **just like** real geckos **do**.
　→ like나 as가 '~와 같은'이라는 의미의 접속사로 쓰일 때, 흔히 뒤에 이어지는 동사는 반복을 피하기 위해 do, does, did의 대동사로 쓰인다. 문맥상 do의 의미는 have plenty of very thin, almost invisible hairs 이다.

➔ 워크북 94쪽

Workbook

Ⓐ 1 자연　2 표면　3 도마뱀　4 ~으로 이름 짓다　5 생물학　6 기술　7 대신에　8 많은　9 가는, 얇은
10 보이지 않는　11 놀라운　12 능력　13 군사의, 군대의　14 공무원, 사무관　15 스파이 활동을 하다
16 달라붙는, 끈적거리는

Ⓑ 1 to build a climbing robot　2 was created with biology and robot technology　3 Though it is called 'Stickybot'　4 just like real geckos do　5 military officials have become interested in Stickybots

소재 동물들의 컴퓨터 사용   ⊃ 본책 20쪽

정답

1 ③   **2** (A) touch screens (B) orangutans (C) bubbles   **3** as much as humans do
4 a. surprisingly b. Unlike

해석

당신은 동물원의 몇몇 오랑우탄들이 터치스크린을 사용한다는 것을 알고 있는가? 그것은 놀랍지 않은가? 그들은 인간만큼이나 그것들을 즐긴다. 오랑우탄인 Iris는 그림을 그리는 앱으로 아이패드에 그림을 그린다. 그녀의 친구, Jingga는 비디오 보는 것을 좋아한다. 2010년에 동물 전문가인 Rich Zimmerman은 동물원에서 오랑우탄과 컴퓨터를 사용할 생각을 가졌다. 야생에서와는 다르게, 그들이 아무런 도전 없이 동물원에 있으면, 그들은 쉽게 지루해지고 불행해질 수 있다. 그는 컴퓨터가 새로운 게임, 소리와 퍼즐로 그들이 흥미를 갖게 할 수 있다고 생각했다. Zimmerman은 "비눗방울 게임이 그들이 즐겨하는 것입니다. 그들은 그것들을 건드려서 화면 위의 비눗방울을 터뜨립니다."라고 말했다.

해설

1 일상의 도전이 없는 동물원의 동물들이 컴퓨터를 이용해 게임이나 동영상 시청을 즐긴다는 내용의 글이다.
   ① 오랑우탄은 동물원에서 가장 똑똑한 동물이다. ② 인간과 오랑우탄은 공통점이 많다. ③ 동물원 관리자들은 그들의 동물을 즐겁게 해 주기 위해 컴퓨터를 사용한다. ④ 너무 많은 컴퓨터 게임은 사람들을 불행하게 만들 수 있다. ⑤ 새로운 동물용 컴퓨터가 최근에 개발되었다.
2 대명사가 지칭하는 내용을 해당 문장 또는 앞 문장에서 찾아본다. (A)의 경우 앞 문장 Do you know that some orangutans in zoos use touch screens?에서 touch screens가 them으로 쓰였다는 것을 알 수 있다. (B)는 컴퓨터가 새로운 게임, 소리와 퍼즐로 그들이 흥미를 갖게 할 수 있다고 생각했다는 의미이므로 them은 오랑우탄을 지칭하고 있음을 알 수 있다. (C)는 them을 만지면 비눗방울이 터진다고 했으므로, 화면 속의 비눗방울이라는 것을 알 수 있다.
3 「as＋원급＋as＋주어＋동사」의 형태로 써서 '(주어)가 ~한 만큼 …한'의 의미를 나타낸다.
4 a. 그 학교 버스는 심각한 사고가 났지만, 놀랍게도 탑승하고 있던 모든 학생들은 안전했다.
   b. 그녀는 수학을 잘하지만 영어를 못한다. 그녀와 달리, 그녀의 여동생은 수학을 못하고 영어를 잘한다.

구문

· They enjoy them just **as much as** humans **do**.
  → as much as는 '~만큼, ~정도, ~못지 않게'라는 뜻의 원급 비교 표현이다. 「as＋형용사 또는 부사의 원급＋as」 뒤에는 「주어＋동사」가 오며 do는 enjoy를 대신하는 대동사로 쓰였다.
· He thought the computer could **make** them **interested** in new games, sounds, and puzzles.
  → 「make＋목적어＋형용사」는 '~를 …한 상태로 만들다'라는 의미를 나타낸다. 이때 형용사는 목적어의 상태를 나타낸다.

⊃ 워크북 95쪽

Workbook   Ⓐ 1 즐겁게 해 주다 2 놀라운 3 오랑우탄 4 컴퓨터 응용프로그램, 앱 5 전문가 6 ~와 달리 7 ~ 없이
8 도전 9 지루해하는 10 비눗방울, 거품 11 특히 좋아하는 것 12 인간 13 쉽게 14 부수다, 깨뜨리다
Ⓑ 1 some orangutans in zoos use touch screens 2 makes pictures on an iPad with a painting app 3 they can easily become bored and unhappy 4 the computer could make them interested 5 break bubbles on the screen by touching them

story A

소재 이상한 수집품

⊃ 본책 22쪽

정답

1 ①　　**2** ③　　**3** (over 6,000) airline sickness bags　　**4** a. refrigerator b. stamp

해석

취미 수집품에 대해서 생각하면, 아마도 야구 카드, 동전이나 우표 같은 것을 생각할 것이다. 그러나 어떤 사람들은 정말 이상한 수집품들을 가지고 있다. 예를 들어, 한 독일 남자는 38,000개 이상의 초콜릿 포장지를 수집했다. 라스베이거스에 사는 한 여인은 30,000개의 냉장고 자석을 모았다. 미국의 한 치과의사는 2002년에 전 세계의 치약들을 모으기 시작했다. 그는 1,400개 이상의 치약 튜브를 가지고 있다. 그리고 네덜란드에는 1970년대부터 6,000개 이상의 비행기 멀미 봉투를 모은 남자가 있다. 그것들은 160개국 이상의 1,142개 다른 항공사로부터 모은 것이다.

해설

1　주어진 문장은 특별한 수집품들을 모으는 사람들의 구체적인 사례들 앞에 와야 자연스럽다.

2　이 글은 세계의 이상한 수집품들에 대해 예를 들어 이야기하고 있다.
　　① 직업과 수집품들
　　② 가장 인기 있는 취미
　　③ 세계의 이상한 수집품들
　　④ 이상한 것들을 모으는 것의 어려움
　　⑤ 유럽과 미국 수집가들의 차이점들

3　밑줄 친 They는 앞 문장에서 언급된 airline sickness bags를 가리킨다.

4　a. 우유를 냉장고에 넣어라. 그것은 차갑게 보관될 필요가 있다.
　　b. 편지봉투에 우표 붙이는 것을 잊지 마라.

구문

· Then there's a guy in the Netherlands who **has collected** over 6,000 airline sickness bags **since** the 1970s.
　→ 1970년대부터 지금까지 수집하는 행동이 계속되고 있다는 것을 표현하기 위해 현재완료 형태인 has collected가 사용되었다. 「since+시점」, 「for+기간」은 현재완료와 함께 자주 사용되는 표현들이다.

⊃ 워크북 96쪽

Workbook　Ⓐ **1** 수집품 **2** 아마 **3** 동전 **4** 우표 **5** 포장지 **6** 냉장고 **7** 자석 **8** 치약 **9** 항공사 **10** 구토, 질병 **11** 이상한, 낯선 **12** 치과의사 **13** 통, 튜브 **14** ~ 이래로
　　　　　Ⓑ **1** When you think of hobby collections　**2** A German man has collected more than 38,000 chocolate wrappers.　**3** A woman in Las Vegas has collected 30,000 refrigerator magnets.　**4** began collecting toothpaste from around the world in 2002　**5** He has collected over 6,000 airline sickness bags since the 1970s.

소재 만우절의 기원

➲ 본책 24쪽

정답

1 ③ **2** (the) origin of April Fool's Day **3** switch **4** a. calendar b. ignored

해석

만우절의 기원에 대한 많은 이야기들이 있다. 가장 널리 믿어지는 이야기 중 하나는 유럽에서 새로운 달력을 도입한 것과 관계가 있다. 1582년, 프랑스는 율리우스력에서 그레고리력으로 바꾼 최초의 나라가 되었다. 이 새로운 달력은 한 해의 시작을 4월 1일에서 1월 1일로 바꾸었다. 어떤 사람들은 새해를 1월 1일로 바꾸고 축하했다. 다른 사람들은 새로운 달력에 대해서 몰랐거나 그것을 무시했기 때문에 계속해서 한 해의 시작을 4월 1일로 지켰다. 따라서, 그들은 만우절 바보로 불렸고 그들에게 장난이 행해졌다.

해설

1 주어진 문장은 Some people ~로 시작하여 달력이 바뀐 뒤의 일부 사람들의 행동을 나타내고 있다. 이어서 다른 사람들의 행동이 나오는 것이 자연스러우므로 Others 앞인 ⓒ에 위치하는 것이 가장 알맞다.

2 첫 번째 문장에서 만우절의 기원에 관한 이야기가 많이 있다고 하였고, 본문에서는 그 중 하나가 소개되었으므로 제목으로는 '만우절의 기원'이 알맞다.

3 '방향 또는 진로를 변경하다; 어떤 것을 다른 것과 교환하거나 대체하다'라는 뜻을 가진 단어는 switch이다.

4 a. 달력은 일년의 날, 주, 달을 보여준다.
b. 그는 "애완동물 금지!"라는 표지를 무시했고 그의 개를 데리고 가게에 들어갔다.

구문

· **One of the most widely believed stories** is related to the introduction of a new calendar in Europe.
→ 「one of+the+최상급+복수명사」의 구문으로 '가장 널리 믿어지는 이야기 중의 하나'를 뜻한다.

· Thus, **they** were called April fools and tricks *were played* on **them**.
→ they와 them은 새 달력을 무시하고 기존의 새해를 따르는 사람들을 나타낸다. play tricks on은 '~에게 장난을 치다'라는 말로, 수동태 문장으로 쓰여 tricks가 주어, 이어서 were played가 동사로 쓰였다.

➲ 워크북 97쪽

Workbook

Ⓐ **1** 기원, 근원 **2** 널리 **3** ~와 관련이 있다 **4** 달력 **5** 바꾸다 **6** 계속하다 **7** 지키다 **8** 무시하다 **9** ~에게 장난치다 **10** 소개, 도입 **11** 많은 **12** 기념하다, 축하하다 **13** 교환하다 **14** 대체하다

Ⓑ **1** a number of stories about the origin of April Fool's Day **2** One of the most widely believed stories is related to **3** the first country to switch from the Julian calendar to the Gregorian calendar **4** continued to observe the beginning of the new year on April 1 **5** they were called April fools and tricks were played on them

story **A**

소재 결혼 풍습

⊃ 본책 26쪽

정답

1 ⑤   **2** throw, good luck   **3** ①   **4** a. purpose b. bride

해석

결혼 케이크를 갖는 것에 대한 생각은 전 세계적으로 보편적이다. 원래, 결혼 케이크는 먹기 위한 것이 아니었다. 그것은 신부에게 던져졌다. 사람들은 신부에게 케이크를 던지는 것이 그녀에게 행운을 가져다줄 것이라고 생각했다. 새로운 부부들에게 물건을 던지는 것은 많은 나라에서 보편적인 전통이다. 미국에서는 전통적으로 부부가 결혼식장을 떠날 때 사람들이 부부에게 쌀을 던진다. 이탈리아 사람들은 사탕을 던진다. 체코에서는 사람들이 완두콩을 던진다. 북아메리카의 이누이트족은 신발을 던진다. 다른 나라의 사람들은 새로운 부부들에게 다른 물건들을 던지지만 그들 모두 같은 목적을 가지고 있다. 새로운 부부들에게 행운을 빌어주는 것이다.

해설

1 서로 다른 나라의 공통적인 결혼 풍습인 물건 던지기에 관한 글이므로 ⑤ 'A Common Wedding Tradition: Throwing Things(한 가지 보편적인 결혼 전통: 물건 던지기)'가 제목으로 가장 적절하다.
① 신혼부부들을 위한 적절한 선물
② 결혼 케이크를 갖는 것의 기원
③ 결혼 풍습의 문화적 차이
④ 쌀 던지기가 어떻게 결혼 전통이 되었는가

2 이 글은 새로 결혼한 부부에게 물건을 던지는 전통에 관해 소개하고 있다. 전 세계의 많은 나라에서 행운을 빌기 위한 목적으로 새로운 부부에게 여러 물건들을 던진다.

> 세계의 많은 곳에서, 새로운 부부에게 <u>행운</u>을 빌기 위해 물건을 <u>던지는</u> 것이 보편적인 전통이다.

3 결혼 케이크는 원래 신랑이 아니라 신부에게 던지려는 목적으로 사용되었으므로 ①이 일치하지 않는다.

4 a. 학교에 가는 <u>목적</u>은 배우는 것이다.
  b. 결혼식날에 <u>신부</u>는 보통 하얀 드레스를 입는다.

구문

· It **was thrown** at the bride.
  → People threw it at the bride.의 수동태 문장으로 It이 가리키는 것은 the wedding cake이다.
· to **wish the new couples good luck**.
  → 「wish+간접목적어+직접목적어」 구문으로, '신혼부부(간접목적어)에게 행운(직접목적어)을 빌다'라고 해석한다.

⊃ 워크북 98쪽

Workbook

A 1 결혼(식) 2 보편적인, 공통의, 흔한 3 원래 4 신부 5 운, 행운 6 전통 7 전통적으로 8 완두콩 9 이누이트족, 에스키모인들 10 목적 11 생각, 아이디어 12 던지다 13 한 쌍; 부부, 커플 14 신혼부부
B 1 The wedding cake was thrown at the bride. 2 throwing cake at the bride would bring her good luck 3 throw rice at the couple as they leave the wedding place 4 People in different countries throw different things at new couples. 5 They all have the same purpose.

소재 Salar de Uyuni

⊃ 본책 28쪽

정답

1 ⑤ 2 ⑤ 3 sight 4 a. betrayed b. tears

해석

세계에서 가장 큰 소금 사막인 볼리비아의 Salar de Uyuni는 아름다운 광경이다. 그것은 실제로 대략 4만 년 전에는 거대한 호수였다. 그것이 말랐을 때, 다량의 소금을 남겼다. 하지만 Salar de Uyuni의 또 다른 생성에 관한 이야기가 있다. 그것은 아이마라족의 전설이다. 그것에 따르면 그 호수 주위의 산들은 실제로 거대한 사람들인 Tunupa와 Kusku였다. 그들은 결혼했지만 Kusku가 Tunupa를 배신했다. Tunupa의 눈물이 현재의 소금 사막을 형성했다. 비가 오면 얇은 층의 물이 거울처럼 작용하여 그것은 세상에서 가장 큰 거울 중 하나가 된다. 소금 사막이 하늘을 비추면, 당신은 구름 위를 걷고 있는 것처럼 느낀다!

해설

1 ⓔ는 아이마라족의 전설을 가리키며, 나머지는 모두 Salar de Uyuni를 가리킨다.

2 비가 내리면 얇은 층의 물이 거울처럼 작용하여 하늘의 모습을 반사하는 것이며, 거울의 재료와는 무관하다.

3 빈칸에 공통으로 들어갈 단어는 '시력'과 '광경'의 의미를 가진 sight이다.

> • 나는 시력이 나쁘다.
> • 나는 밤의 도시의 광경을 정말 좋아한다.

4 a. John은 나를 배신했다. 그는 나 대신 Susie를 댄스파티에 데려갔다!
  b. 그녀가 슬픈 영화를 본 후, 눈물이 그녀의 볼에 흘러내렸다.

구문

· **Bolivia's Salar de Uyuni, the world's largest salt flats**, is a beautiful sight.
  → Bolivia's Salar de Uyuni와 the world's largest salt flats가 동격을 이루고 있다.
· When the salt flats reflect the sky, you **feel like** you are walking on clouds!
  → feel like는 '~처럼 느끼다'라는 의미로 여기서 like는 접속사로 쓰여 뒤에 「주어+동사」의 절이 왔다.

⊃ 워크북 99쪽

Workbook

Ⓐ 1 소금 사막 2 광경; 시력 3 실제로 4 거대한 5 호수 6 마르다 7 ~ 뒤에 8 엄청난 양의, 다수의 9 형성 10 전설 11 배신하다 12 눈물 13 형성하다 14 현재의 15 얇은 16 층, 막 17 거울 18 비추다

Ⓑ 1 it left behind tons of salt 2 the mountains around the lake were actually giant people 3 the thin layer of water acts as a mirror 4 one of the world's largest mirrors 5 When it reflects the sky, you feel like

⊃ 본책 30쪽

story Ⓐ ⊙ 소재 소의 가스와 에너지

⊙ 정답

1 ⑤　　**2** 소의 몸에서 나오는 가스가 지구 온난화를 초래하는 것　　**3** ③　　**4** a. ②　b. ①　c. ③

⊙ 해석

어느 것이 공기오염의 가장 큰 원인일까? 소일까, 자동차일까? 소다! 소는 뱃속에 박테리아를 가지고 있다. 소가 풀을 먹으면, 이 박테리아가 에너지를 만든다. 소는 몸 속에서 그 에너지를 사용하고 이것은 가스를 만들어낸다. 소는 몸 밖으로 그 가스를 방출한다. 이 가스는 지구를 더욱 뜨겁게 만들고, 지구 온난화를 초래한다. 최근에 아르헨티나의 과학자들은 이 문제를 해결할 방법을 발견했다. 그들은 소들로부터 나오는 가스를 유용한 에너지로 전환시킬 수 있다. 각각의 소는 하루에 250에서 300리터의 가스를 만든다. 만약에 우리가 이 가스를 탱크에 모으면, 우리는 24시간 동안 냉장고를 가동시키기에 충분히 많은 양의 에너지를 얻을 수 있다.

⊙ 해설

1 이 글의 주된 내용은 소의 가스를 에너지 자원으로 쓸 수 있는 방법을 과학자들이 발견했다는 것이다.
① 박테리아가 소를 건강하게 유지하도록 돕는다 ② 박테리아는 환경에 해로운가? ③ 기후 변화의 원인은 무엇인가? ④ 가스는 미래를 위한 중요한 에너지이다 ⑤ 새로운 동력원: 소의 가스

2 this problem은 바로 앞 문장 전체의 내용(소의 몸에서 나오는 가스가 지구 온난화를 일으킨다)을 가리킨다.

3 ① 박테리아는 소의 뱃속에서 무엇을 하는가? – 소 뱃속의 박테리아는 소가 먹은 풀로부터 에너지를 얻어낸다. ② 왜 소의 가스가 환경에 나쁜가? – 소의 가스는 지구를 뜨겁게 만들어 지구 온난화를 일으킬 수 있어 환경에 해롭다. ③ 소의 가스가 어떻게 지구를 덥게 만드는가? – 소의 가스가 지구를 덥게 만드는 구체적인 과정은 언급되지 않았다. ④ 누가 소의 가스를 에너지로 바꾸는 방법을 발견했는가? – 소의 가스를 에너지로 만드는 방법을 알아낸 사람은 아르헨티나의 과학자들이다. ⑤ 하루에 소가 얼마나 많은 가스를 만드는가? – 소는 하루에 250에서 300리터의 가스를 만들어낸다.

4 a. 방출하다 – ② 어떤 것을 밖으로 흘러나오게 하다
b. 초래하다 – ① 어떤 일이 일어나도록 하다
c. 전환시키다 – ③ 무언가를 다른 어떤 것으로 만들다

⊙ 구문

· This gas **makes** the earth **hotter** and causes global warming.
→ 「make+목적어+형용사」의 형태로 쓰면, '~을 …한 상태로 만들다'는 의미이다. 「make+목적어+동사원형」이 '~가 …하도록 시키다'의 의미로 쓰이는 것과 구분한다.

· Recently, scientists in Argentina have found a way **to solve** this problem.
→ to solve ~는 to부정사의 형용사적 용법으로, 앞에 나온 a way를 꾸며주는 역할을 한다. 이때 to부정사는 '~하는'으로 해석한다.

⊃ 워크북 100쪽

Workbook　Ⓐ **1** 오염　**2** 박테리아　**3** 배, 위　**4** 생산하다　**5** 방출하다　**6** 원천, 근원　**7** 원인; 초래하다　**8** 지구 온난화　**9** 최근에　**10** 유용한　**11** 리터　**12** 모으다, 수집하다　**13** 전환시키다　**14** 양　**15** 냉장고　**16** 충분한
Ⓑ **1** Which is the biggest cause of air pollution　**2** This gas makes the earth hotter　**3** scientists in Argentina have found a way to solve this problem　**4** convert the gas from cows into useful energy　**5** If we collect this gas in a tank

• 정답

1 ③   **2** the math scores   **3** ④   **4** a. stereotype b. Successful

• 해석

남자아이들이 여자아이들보다 수학을 더 잘한다는 생각에 당신은 동의하는가? 수백 개의 수학 관련 연구를 검토한 다음의 그래프를 보아라. 그래프가 보여주듯이, 여자아이들의 수학 점수와 남자아이들의 그것 사이에는 거의 완벽하게 겹침이 있다. 몇몇 여자아이들은 남자아이들보다 훨씬 더 잘한다. 그러나 사람들이 수학은 '남자들의 것'이라고 생각하기 때문에, 여자아이들은 그것에 관심이 부족한 경향이 있다. 그러므로 이 고정관념이 멈춰지게 할 필요가 있다. 어떻게? 첫째, "여자들은 수학을 못 해."라는 말들을 하지 마라. 둘째, 여자아이들과 남자아이들에게 수학 관련 분야에 성공적인 여자들의 많은 사례를 제공하라. 이 고정관념에 이의를 제기함으로써, 여자아이들이 수학에 좀 더 관심을 가질 수 있다.

• 해설

1 수학은 남자아이들이 잘한다는 고정관념을 없애야 한다는 말 다음에 구체적인 방법이 오는 것이 자연스럽다.

2 those는 바로 앞에 나온 '수학 점수'를 가리킨다.

3 여자아이들에게 수학을 못 한다는 말을 하지 말라고 하고 있으므로 ④ 수학 점수를 상기시켜야 한다는 것은 일치하지 않는다.

4 a. 여자들이 말라야 한다는 것은 <u>고정관념</u>이다.
    b. <u>성공적인</u> 사람들은 종종 실패하지만, 그들은 실패를 두려워하지 않는다.

• 구문

• ~, there is almost a complete overlap **between** the math scores of girls **and** those of boys.
  → 「between A and B」는 'A와 B 사이에'라는 뜻이다.
• Some girls are *even* **better than** boys.
  → 「비교급+than」 구문을 사용하여 여자와 남자아이들을 비교하고 있다. better 앞의 even은 비교급을 강조하여 '훨씬'이라는 의미로 쓰였다.

⊃ 워크북 101쪽

Workbook   Ⓐ **1** 그래프 **2** 검토하다, 조사하다 **3** 연구 **4** 완벽한 **5** 겹침 **6** 점수 **7** 부족하다 **8** 관심, 흥미 **9** 고정관념 **10** 성공적인 **11** 이의를 제기하다 **12** ~에 동의하다 **13** 다음의, ~에 따르는 **14** 제공하다 **15** ~을 잘하다 **16** 예, 사례
Ⓑ **1** which examined hundreds of math-related studies **2** an overlap between the math scores of girls and those of boys **3** Some girls are even better than boys. **4** Provide girls and boys with lots of examples **5** girls can become more interested in math

story **A** • 소재 투명 인간

⊃ 본책 34쪽

• 정답

1 ⑤　　**2** 그[남자]를 배경의 일부로 만든 것　　**3** ③　　**4** a. ②　b. ③　c. ①

• 해석

당신은 사진에서 보이지 않는 남자를 찾을 수 있는가? Liu Bolin은 숨기를 좋아한다. 당신은 그가 거기에 있는지 조차 알지 못할 것이다! 그는 몇몇 화가와 사진사에게 그를 도와달라고 부탁했다. 먼저, 화가들은 그가 입고 있는 옷을 칠했다. 그의 옷 위에, 그들은 그의 뒤에 서 있는 선반을 그렸다. 그들은 모든 소다 캔을 정확하게 정성을 들여 그렸다. 그 다음 그들은 그의 얼굴과 그의 신발을 칠했다. 마지막으로 사진사들은 완벽한 한 장을 얻기 위해 수백 장의 사진을 찍었다. 당신이 보다시피, 그들은 그를 배경의 일부로 만들었다. 그 일은 매우 힘들었고 열 시간 넘게 걸렸다. 그러나 그들은 그들의 마술에 행복했다!

• 해설

1 이 글은 미술과 사진으로 투명 인간과 같은 효과를 만들어낸 남자에 대한 이야기이다.
　① 실수가 놀라운 사진을 만들었다
　② 사진을 찍는 새 컴퓨터 기술
　③ 우리의 눈이 자주 하는 실수
　④ 화가와 사진사 중 누가 더 나은가?
　⑤ 그곳에 있지만 발견되지 않는 한 남자

2 '그 마술'이란 남자를 배경과 똑같이 색칠하고 수백 장의 사진을 찍어 남자를 배경의 일부로 만든 작업을 가리킨다.

3 ③ 화가들이 그림을 수백 번 다시 그렸다는 내용은 나와 있지 않다. 대신, 사진사들이 완벽한 사진 한 장을 얻기 위해 수백 장의 사진을 찍었다고 했다.

4 a. 선반 – ② 물건을 올려두는 벽에 있는 나무 조각
　b. 배경 – ③ 그림에서 주요한 것 뒤에 있는 것들
　c. 마술 – ① 불가능한 것을 일어나게 하는 힘

• 구문

· He **asked** some artists and photographers **to help** him.
　→ 「ask+목적어+to부정사」는 '~에게 …을 부탁하다, 요구하다'라는 뜻이다. to help him에서 him은 문장의 주어인 He(Liu Bolin)를 가리킨다.
· On his clothes, they painted the shelf **which** stood behind him.
　→ which는 주격 관계대명사로, the shelf를 수식하는 역할을 한다. 따라서 그의 뒤에 놓여 있는 선반의 모습을 그의 옷 위에 그렸다는 의미가 된다.

⊃ 워크북 102쪽

Workbook **A** **1** 보이지 않는 **2** 숨다 **3** 신중히, 정성 들여서 **4** 사진사 **5** 옷 **6** 그리다, 색칠하다 **7** 선반 **8** ~의 뒤에 **9** 정확하게 **10** 수백의 **11** 완벽한 **12** 부분, 일부 **13** 배경 **14** 마술 **15** 사진 **16** 예술가, 미술가
B **1** asked some artists and photographers to help him **2** they painted the shelf which stood behind him **3** drew every soda can exactly **4** took hundreds of photos to get the perfect one **5** took more than 10 hours

⊙ 정답

1 ② **2** rectangle, square **3** ① **4** a. flag b. square

⊙ 해석

국기는 다양한 상징과 다른 색깔과 모양을 갖고 있다. 우리의 대부분은 깃발의 모양이 직사각형일 것이라고 예상한다. 그러나 네팔 국기는 직사각형이 아니다. 그것은 몸통 없이 반으로 잘린 나무처럼 보인다. 스위스 국기는 정사각형이다. 그것은 가운데 하얀색 십자가가 있는 빨간색이다. 적십자사는 스위스의 국기를 사용하지만, 빨간색 십자가가 있는 흰색 깃발이다. 이것은 적십자의 설립자를 기념하기 위한 것인데, 그는 스위스 시민이었다. 모든 국기는 각 나라가 가치 있게 여기는 것을 상징해서, 그것은 그들에게 의미가 있다.

⊙ 해설

1 대부분의 사람들이 직사각형 국기를 떠올리지만, 네팔의 국기는 직사각형이 아니라는 내용이 뒤이어 나오므로 문맥상 However(그러나)가 알맞다.
① 마침내 ② 그러나 ③ 그러므로 ④ 결과적으로 ⑤ 그럼에도 불구하고

2 대부분의 국기는 직사각형 모양이지만, 네팔과 스위스의 국기는 모양이 다르다는 내용이다.

> 국기는 다양한 방식으로 다르다. 예를 들어 대부분의 국기는 직사각형이지만 스위스 국기는 정사각형이다.

3 ① 네팔 국기는 나무가 몸통 없이 절반으로 잘린 모양이다.

4 a. 미국 국기에는 50개의 별이 있다.
b. 정사각형은 네 개의 같은 변을 가진 모양이다.

⊙ 구문

· This is in honor of the founder of the Red Cross, **who was a Swiss citizen**.
→ 계속적 용법의 주격 관계대명사 who가 이끄는 절이 선행사 the founder of the Red Cross를 추가 설명하고 있다.
· **Every national flag** *symbolizes* what each country values, so it is meaningful to them.
→ every는 단수 취급하여 「every+단수명사(national flag)+단수동사(symbolizes)」의 형태로 쓰였다.

⊃ 워크북 103쪽

Workbook

A **1** 국기 **2** 상징 **3** 예상하다, 기대하다 **4** 직사각형 **5** 나무의 몸통 **6** 정사각형 **7** 여러 가지의, 다양한 **8** 단체, 조직, 기구 **9** 설립자 **10** 시민 **11** 상징하다 **12** 가치 있게 여기다 **13** 의미 있는 **14** 모양, 형태 **15** ~을 기념하여 **16** 반으로 자르다

B **1** have various symbols and different colors and shapes **2** expect the shape of a flag to be **3** looks like a tree that is cut in half **4** the founder of the Red Cross, who was a Swiss citizen **5** symbolizes what each country values story A

소재 고대 로마의 송수로

◯ 본책 38쪽

정답

1 ④ **2** ① **3** aqueducts, water **4** a. ② b. ③ c. ①

해석

고대 로마인들은 어떻게 물을 얻었을까? 그들은 거대하고 긴 송수로들을 건설했다. 이 송수로들은 보통 돌, 벽돌, 그리고 시멘트로 만들어졌으며, 샘이나 강으로부터 마시고 목욕하기 위한 신선한 물을 가져왔다. 그것들은 또한 사용한 물과 폐기물을 운반하기도 했다. 물이 송수로들을 통해 도시에 도착했을 때, 그것은 주탱크로 흘러들어갔다. 이 탱크로부터, 물은 납 파이프들을 통해 시내에 있는 공공 분수, 욕조, 그리고 개인 집으로 흘러갔다. 비록 납에는 독성이 있지만, 파이프 안에 물이 계속해서 흐르고 있었기 때문에 수많은 로마인들이 죽지는 않았다.

해설

1 납에 독성이 있다는 내용과 수많은 로마인들이 죽지는 않았다는 내용은 서로 대조되는 내용이므로 '(비록) ~이긴 하지만'의 의미를 갖는 접속사 Although가 가장 적절하다.
① 만약 ~하다면 ② ~할 때 ③ ~하기 전에 ④ (비록) ~이긴 하지만 ⑤ ~하기 때문에

2 샘이나 강으로부터 마시고 목욕하기 위한 신선한 물을 가져오는 통로의 역할을 했다는 본문 내용을 통해 aqueducts가 물을 나르는 커다란 파이프를 의미하는 단어라는 것을 유추할 수 있다. aqueduct는 '물'을 뜻하는 라틴어 어원, aque에 '이끌다(lead)'를 뜻하는 duct가 붙어 만들어진 단어로 '물을 이끄는 장치', 즉 '송수로'를 뜻한다.
① 물을 도시로 나르는 커다란 파이프들 ② 벽을 만드는 데 쓰이는 벽돌들 ③ 물을 채우는 거대한 용기들 ④ 파이프, 욕조, 그리고 화장실이 있는 건물들 ⑤ 상수도와 연결되어 있는 구멍을 갖고 있는 커다란 그릇

3 송수로 덕분에 고대 로마인들이 물 공급을 받을 수 있었다는 요지의 글이다.

> 송수로의 도움으로, 고대 로마인들은 외부 공급원에서 도시와 마을로 물을 가져왔다.

4 a. 공공의 – ② 특정 국가의 모든 사람들과 관련 있는
b. 흐르다 – ③ 계속해서 움직이다
c. 계속해서 – ① 항상

구문

· These aqueducts **were** usually **made of** stone, brick, and cement, ~.
→ be made of는 '~로 만들어지다'의 의미로 of 뒤에는 stone(돌), brick(벽돌), cement(시멘트)와 같이 재료가 되는 물질이 온다.
· **When** the water *got to* a city through aqueducts, it flowed into a main tank.
→ 접속사 when은 '~할 때', '~하면'의 의미를 갖는 접속사로 두 개의 절을 연결해준다. get to는 '~에 도착하다'의 의미로 arrive at과 바꾸어 쓸 수 있다.

◯ 워크북 104쪽

Workbook Ⓐ **1** 고대의 **2** 송수로 **3** 벽돌 **4** 시멘트 **5** 샘 **6** 나르다, 운반하다 **7** ~로 흘러들어가다 **8** 납 **9** 분수 **10** 개인적인, 사적인 **11** 독성이 있는 **12** 다수로 **13** 계속해서 **14** 공공의 **15** 용기 **16** 연결하다
Ⓑ **1** were usually made of stone, brick, and cement **2** They brought fresh water for drinking and bathing **3** carried away used water and waste **4** When the water got to a city through aqueducts **5** Although lead is toxic

소재 동물의 색이 하는 역할

⊃ 본책 40쪽

정답

1 ④　　**2** Its color also helps it to hunt.　　**3** colors, protect, hunt　　**4** a. reminding b. protect

해석

동물들의 세계는 아름다운 색들로 가득하다. 우리는 그것들을 보는 것을 즐기지만, 이 색깔들은 동물들에게 단순히 좋은 외모보다 훨씬 많은 의미가 있다. 색들은 동물들을 여러 가지 방법으로 도울 수 있다. 예를 들면, 두꺼비는 주변의 바위들과 같은 색이다. 그것이 가만히 앉아 있을 때, 그것은 바위처럼 보인다. 이것은 뱀과 같은 적들로부터 그것을 보호하는 데 도움이 된다. 그것의 색은 또한 그것이 사냥하는 것을 도울 수 있다. 두꺼비가 바위처럼 보이기 때문에, 곤충들은 그것을 보지 못하고 가까이 올지도 모른다. 그에 반해, 어떤 동물들은 매우 뚜렷한 색을 갖고 있다. 왕나비들은 색이 매우 화려하다. 새들에게 그것들은 맛이 고약하고 새들을 아프게 만든다. 그래서 왕나비의 화려한 색깔들은 새들에게 그 왕나비들 대신 더 맛있는 식사를 찾도록 상기시켜줌으로써 왕나비들을 보호한다.

해설

1 자신을 감추기 위해 보호색을 사용하는 동물들에 대한 이야기가 끝나고, 자신의 색을 보여줌으로써 자신을 보호하는 왕나비에 대한 이야기가 시작되기 전의 위치에 들어가야 한다.

2 '그 색은 또한 그것이 사냥하는 것을 도울 수 있다.'는 뜻으로 「help+목적어+to부정사」 구문을 활용한다.

3 동물의 색은 적으로부터 보호하거나 사냥하는 데에 도움이 된다는 내용이다.

> 동물들의 색깔들은 그것들을 여러 가지 방법으로 돕는다. 때때로 그것들은 동물들을 적으로부터 보호하는 데 도움이 된다. 그것들은 또한 동물들이 사냥하는 것을 돕는다.

4 a. 내게 편지를 보내라고 상기시켜줘서 고마워. 잊을 뻔 했어.
　　b. 시끄러운 음악은 귀에 좋지 않다. 음악을 들을 때, 귀를 보호하기 위해 볼륨을 낮춰라.

구문

· ~, but these colors mean **a lot more** to animals than just good looks.
　→ a lot은 비교급 more를 강조하는 표현이다. 비교급을 강조하는 데 사용되는 표현으로는 much, still, far, even, a lot 등이 있다.

· So, the bright colors of the butterflies protect them **by reminding birds to look for a tastier meal instead**.
　→ 전치사 by 뒤에 동사가 올 때는 동명사의 형태로 쓴다. 「remind+목적어+to부정사」는 '~에게 …하도록 상기시키다'의 의미이다. a tastier meal instead는 '그 왕나비들 대신 더 맛있는 식사'라는 의미이다.

⊃ 워크북 105쪽

Workbook

A 1 의미하다　2 다수의　3 두꺼비　4 움직이지 않는, 조용한　5 보호하다　6 적　7 곤충, 벌레　8 ~을 찾다　9 상기시키다, 알려주다　10 맛있는　11 식사　12 반대로, 대조적으로　13 뚜렷한　14 ~로 가득 차다

B 1 a lot more to animals than just good looks　2 When the toad sits still　3 This helps to protect it from enemies　4 Since the toad looks like a rock　5 by reminding birds to look for a tastier meal instead

story A

소재 분노의 원인

➲ 본책 42쪽

정답

1 ③　**2** ①　**3** ③　**4** a. ②　b. ①　c. ③

해석

무엇이 당신을 화나게 만드는가? 불행한 상황인가? 또는 당신에게 나쁜 일을 한 사람들인가? 당신은 화가 나서 그들에게 반응하기 때문에 이런 것들이 당신을 화나게 한다고 느낄지도 모른다. 그러나, 과학자들은 그것들이 실제로 당신을 화나게 만드는 것이 아니라고 말한다. 그것들은 단지 당신을 생각하게 만든다! 불편한 어떤 일이 생기면, 당신은 다른 종류의 생각들을 하기 시작한다. 그러한 생각 중에 몇몇은 걱정이나 비난으로 가득 차 있다. 그러면, 당신은 화가 나게 된다. 즉, 오직 당신만이 당신 자신을 화나게 할 수 있다. 그래서 만약 당신이 당신의 분노를 조절하기 원한다면, 당신 자신의 생각만이 당신을 화나게 한다는 것을 기억해라. 그리고 사물의 밝은 면을 보도록 노력해라.

해설

1 이 글의 문장 중 They just make you think!와 That is, only you can make yourself angry.에서 유추해볼 때 화가 나는 이유는 자신의 생각 때문임을 알 수 있다.
① 사건 ② 결과 ③ 생각 ④ 경험 ⑤ 차이

2 문장이 However로 시작되면 앞의 내용과 반대되는 내용이 나온다. 주어진 문장은 과학자들이 생각하는 분노의 원인이 실제로는 다르다는 내용이므로 일반적인 원인들이 나열된 다음인 ⓐ가 가장 적절하다. ⓐ 뒤에는 과학자들의 의견을 설명하고 있다.

3 실제로 우리를 화나게 하는 것은 우리 자신의 생각 때문이라는 것이 글의 주요 내용이다.
① 화를 다스리는 방법 ② 화의 결과 ③ 화의 진짜 원인 ④ 밝은 생각의 중요성 ⑤ 다양한 불행한 상황들

4 a. 상황 – ② 특정한 때에 어떤 장소에서 일어나는 일
　 b. 반응하다 – ① 일어나거나 들은 것에 대해 말하거나 행동하다
　 c. 결과 – ③ 다른 무언가로 인해 생기는 것

구문

· Or people **who** do bad things to you?
　→ who는 주격 관계대명사로 who가 이끄는 절이 앞의 명사 people을 꾸며 준다.

➲ 워크북 106쪽

Workbook

Ⓐ **1** 불행한 **2** 상황 **3** 반응하다 **4** 분노 **5** 불편한 **6** (일이) 일어나다 **7** 특정한 **8** ~로 가득 차다 **9** 비난 **10** 화난 **11** 조절하다 **12** 자신의 **13** 밝은 면을 보다, 긍정적인 면을 생각하다 **14** 실제로 **15** 여러 가지의, 다양한 **16** 원인, 이유

Ⓑ **1** people who do bad things to you **2** you start to make different kinds of ideas **3** Some of the ideas are full of worry or blame. **4** that your own thoughts make you angry **5** Try to see the bright side of things.

story B 《소재》 Lucy의 고고학적 가치

《정답》

1 직립보행   **2** evolution, Lucy   **3** ③   **4** a. complete b. common

《해석》

1974년에 부분적으로 복구된 골격이 에티오피아에서 발견되었다. 그것은 Lucy라고 이름 붙여졌다. 과학자들에 의하면, 그녀는 약 320만 년 전에 살았다. Lucy는 매우 완전하기 때문에 고고학에서 매우 중요하다. 다른 해골들은 Lucy만큼 완전하지 않다. 게다가 그녀는 인간과 침팬지 사이의 마지막 공동 조상이라고 한다. 과학자들은 그 뼈대를 복원했고, Lucy가 약 1.1m의 신장에 약 29kg의 무게가 나간다는 것을 알아냈다. 더욱 중요한 것은 Lucy가 직립보행을 했다는 것이다. 그녀는 그러한 움직임의 진화를 명백하게 보여주는 가장 초기의 해골들 중 하나이다.

《해설》

1 that motion은 바로 앞에 나온 문장의 walked upright를 가리킨다.

2

> 인간의 직립보행 진화에 있어서 Lucy는 매우 중요한 하나의 증거이다.

3 본문에서 3.2 million years ago라고 했으므로 Lucy는 3,200년 전이 아니라 320만 년 전에 살았다.

4 a. 이 다이어트 프로그램은 완벽하다. 그것은 필요한 모든 종류의 음식을 다 가지고 있다.
　　b. 그 형제 둘 다 사진 찍는 것에 관심이 있다. 그들은 공통된 취미를 가지고 있다.

《구문》

· Other skeletons are**n't as complete as** Lucy.
　→「not as+원급+as」는 '~만큼 …하지 못한'이라는 말로 Other skeletons are less complete than Lucy.와 의미가 같다.
· In addition, **it is said that** she is the last common ancestor between humans and chimpanzees.
　→ it is said that ~은 '~라고들 한다'라는 의미이다.

⟳ 워크북 107쪽

Workbook　Ⓐ **1** 부분적으로 **2** 복구된 **3** 뼈대, 골격, 해골 **4** ~에 의하면 **5** 고고학 **6** 완전한, 완벽한 **7** 게다가 **8** 공동의, 공통의 **9** 조상 **10** 재건하다 **11** 무게가 ~이다 **12** 직립하여, 수직으로 **13** 명확하게 **14** 진화 **15** 움직임 **16** 백만
　Ⓑ **1** A partially recovered skeleton was found **2** she lived about 3.2 million years ago **3** very important in archeology because she is very complete **4** Other skeletons aren't as complete as Lucy. **5** It is said that she is the last common ancestor

story Ⓐ

◀ 소재 ▶ 시각과 청각의 고마움

➲ 본책 46쪽

◀ 정답 ▶

1 ② **2** 눈이 보이는 사람들은 거의 보지 않는다. **3** see, hear **4** a. ② b. ① c. ③

◀ 해석 ▶

만약 모든 사람이 자신의 청년기 초반에 며칠 동안 눈이 멀고 귀가 들리지 않는 상황을 겪는다면 그것은 큰 축복일 거라고 나는 자주 생각해왔다. 어둠은 그를 시력에 더 감사하게 만들 것이고, 정적은 그에게 소리의 즐거움을 가르칠 것이다. 가끔씩 나는 눈이 보이는 친구들에게 그들이 무엇을 보는지 알아보기 위해 시험을 했다. 최근 한 친구가 숲에서의 오랜 산책을 막 끝내고 돌아와 나를 찾아왔다. 그래서 나는 그녀에게 "무엇을 봤니?"라고 물었다. "딱히 특별한 건 못 봤는데."라고 그녀는 대답했다. 내가 만일 그런 대답에 익숙하지 않다면, 나는 그 대답을 믿을 수 없을 것이다. 하지만 이미 오래 전에 나는 눈이 보이는 사람들은 거의 보지 않는다는 것을 깨달았기 때문에 그녀의 대답이 사실이라는 것을 안다.

헬렌 켈러가 씀

◀ 해설 ▶

1 각각의 빈칸 바로 뒤에 나오는 내용으로 보아 앞부분은 시력을 잃었을 때, 뒷부분은 청력을 잃었을 때를 의미하므로, 그것을 뜻하는 명사 어둠(Darkness)과 정적(silence)이 각각 들어가야 한다.
① 어둠 … 침묵하는 ② 어둠 … 정적 ③ 어둠 … 귀가 먼 ④ 눈이 먼 … 정적 ⑤ 눈이 먼 … 침묵하는

2 눈이 보이는 사람들이 오히려 제대로 주변 세상을 관찰하지 않는다(무심하게 본다)는 의미로 표현한 문장이다.

3

> 우리는 볼 수 있고, 들을 수 있는 것에 감사해야 한다.

4 a. 눈이 먼 – ② 볼 수 없는
b. 발견하다 – ① 전에는 몰랐던 것을 알게 되다
c. 돌아오다 – ③ 당신이 떠나 있던 이후 어떤 장소로 돌아 가다

◀ 구문 ▶

• Now and then I have tested my seeing friends **to discover** what they see.
→ 여기서 to부정사는 '~하기 위해서'라는 의미의 목적을 나타내는 부사적 용법으로 사용되었다. '~을 알아보기 위해서'라고 해석할 수 있다.

• But I know her reply was true, **since** long ago I realized that the seeing people see *little*.
→ since는 이 문장에서 이유를 나타내는 접속사로 쓰여 '~ 때문에'의 의미를 나타내고, little은 부정의 의미를 나타내어 '거의 없는'의 뜻이다.

➲ 워크북 108쪽

Workbook

Ⓐ **1** 축복 **2** 눈이 먼, 장님의 **3** 귀가 먼, 청력을 잃은 **4** 감사하는 **5** 시력 **6** 특별한 **7** ~에 익숙해지다 **8** 반응 **9** 성인 **10** 최근에 **11** 발견하다 **12** 되돌아오다 **13** 깨닫다 **14** 숲

Ⓑ **1** if each human being were blind and deaf for a few days **2** make him more appreciative of sight **3** teach him the joys of sound **4** to discover what they see **5** if I weren't accustomed to such responses

● 소재 새끼를 돌보는 동물 아빠 　　　　　　　　　　　　　　　　　⊃ 본책 48쪽

● 정답

1 ④　　**2** ④　　**3** ②　　**4** a. ②　b. ③　c. ①

● 해석

동물들이 태어나면, 그들은 대개 그들의 어미에 의해서 길러진다. 그러나 우리는 몇몇의 <u>특이한</u> 동물 아빠들을 찾았다. 아빠 다윈코개구리는 입 속에 주머니를 가지고 있다. 그는 그의 새끼들이 충분히 크게 자랄 때까지 그 주머니 속에 둔다. 그는 그의 새끼들이 입 속에 있을 때조차 먹거나 다른 것을 할 수 있다. 그들이 꼬리를 떼고 작은 개구리들이 될 때, 그들은 그의 입 밖으로 튀어나온다. <u>남아메리카의 작은 원숭이인 마모셋은 또 다른 예이다.</u> 새끼 마모셋이 태어나면, 그것의 아빠는 그것을 닦아주고 돌본다. 새끼가 엄마의 젖을 먹고 싶어 할 때, 그는 그것을 어미에게 데려간다. 일단 새끼가 음식을 먹기 시작하면, 아빠가 그것에게 먹이를 먹일 것이다.

● 해설

1 대부분의 동물이 어미의 보살핌을 받는 경향에서 벗어나는 예외적인 사례이므로, 이러한 의미를 나타내는 '특이한'이 적절하다.
　① 어린 ② 가난한 ③ 외로운 ④ 특이한 ⑤ 인기 있는
2 다윈코개구리 이외에, 아빠의 특이한 보살핌을 받는 또 다른 동물의 예인 마모셋에 관한 이야기가 시작되는 문장이므로 주어진 문장은 ⓓ에 와야 알맞다.
3 다윈코개구리는 입 속에서 새끼가 부화하여 작은 개구리가 될 때까지 그 속에 데리고 있다.
　① 대부분의 동물이 어미의 보살핌을 받으며, ③ 아빠 다윈코개구리는 새끼들을 입 속에 넣고도 식사와 다른 활동이 가능하다. ④ 갓 태어난 마모셋 새끼는 아빠가 씻겨주고, ⑤ 마모셋 새끼가 음식을 먹을 수 있게 된 이후에 아빠가 먹이를 먹인다.
4 a. 깨끗하게 하다 – ② 더러운 무언가를 씻다
　b. 잃다 – ③ 몸으로부터 떨어지거나 더 이상 가지고 있지 않다
　c. 두다 – ① 무엇인가를 어떤 장소에 두다

● 구문

· A marmoset, a small South American monkey, is **another example**.
　→ another example 뒤에 of some unusual animal dads가 생략되었다. 어미가 새끼를 돌보는 대부분의 동물과 달리 아빠가 새끼를 돌보는 흔치 않은 사례를 의미한다.
· **Once** the baby starts to eat food, the father will feed it.
　→ Once는 '일단 ~하면'이라는 의미의 접속사로, 새끼들이 음식을 먹게 된 후의 상황을 의미한다. 이어지는 주절에서 '~할 것이다'는 의미의 will을 써서 이후의 상황을 예상하고 있다.

⊃ 워크북 109쪽

Workbook　Ⓐ **1** 태어나다 **2** ~을 기르다 **3** 특이한 **4** 주머니 **5** 꼬리 **6** 작은 **7** ~ 밖으로 **8** ~을 돌보다 **9** A를 B에게 데려가다 **10** 일단 ~하면 **11** (먹이를) 먹이다 **12** 대개 **13** 또 다른 **14** 예
Ⓑ **1** they are usually raised by their mothers **2** until they grow big enough **3** even when his babies are in his mouth **4** When a baby marmoset is born **5** Once the baby starts to eat food

story **A** (소재) 대화의 요령   ⟳ 본책 50쪽

(정답)

1 ⑤   **2** ①   **3** Conversation, Point   **4** a. point b. bored

(해석)

대화에서, 당신은 종종 중요한 정보를 공유할 필요가 있다. 요점을 말하는 것이 좋다. 당신이 당신의 가족 여행에 대해 반 친구들에게 이야기한다고 가정해 보자. (C) 당신은 "우리는 호수에 갔고, 우리가 운전을 하는 동안에, 길에 구멍이 있었는데, 그것은 크지 않았어. 그것은 이 정도 컸고, 깊은 것은 아니었는데 …."다. (B) 그들은 어떻게 느낄까? 지루하다! 그들은 구멍에 대해 관심이 없고, 그 이야기에서 길을 잃고 싶어 하지도 않는다. (A) 대신에, 그들은 당신이 호수에서 했던 재미난 일과 같이 당신의 이야기 중 흥미로운 부분을 듣기 원한다. 분명한 요점이 없으면, 듣는 사람들은 그 이야기를 쉽게 이해하거나 따라올 수 없다.

(해설)

1 글의 도입부에 당신이 반 친구들에게 이야기를 하려는 상황이 제시되었으므로 먼저 (C)가 이어져야 한다. 다음으로 (A)를 보면, '대신에'라는 말로 시작해 흥미 있는 것을 원한다는 내용이 언급되므로 앞 단락에서 흥미롭지 않는 것에 대한 내용이 나와야 한다. 그러므로 듣는 사람들이 지루해 할 수 있다는 내용인 (B)가 (A) 앞에 와야 한다.

2 이 글은 말을 할 때 요점을 분명히 전달할 것을 강조하고 있다.
  ① 당신은 중요한 정보를 말해야 한다.
  ② 당신은 연설을 할 때 많이 연습해야 한다.
  ③ 모든 사람은 말할 기회가 똑같이 필요하다.
  ④ 당신이 대화를 할 때 듣는 것이 중요하다.
  ⑤ 청자는 새롭고 흥미로운 정보를 듣고 싶어 한다.

3 효과적인 대화법으로, 중언부언 하지 말고, 요점을 명확히 바로 전달하라는 뜻의 제목이 어울린다.

> 효과적인 대화법: 요점을 바로 말하라

4 a. 그녀의 연설의 요점이 무엇인가? 나는 그녀가 무엇을 말하고 싶은지 모르겠다.
  b. 그들은 집에서 노는 것에 지겨워져서 그들은 밖으로 나가 즐겼다.

(구문)

· **Without** a clear point, listeners cannot easily understand or follow the story.
  → without은 '~이 없이'라는 뜻의 전치사이나, 문두에서 독립적으로 쓰였을 때 조건의 의미를 나타낼 수 있다. 이 문장에서 Without은 '~이 없으면'의 뜻이다.
· They don't care about the hole and don't want to **get lost** in the story, **either**.
  → either는 too와 같이 '또한'이라는 뜻으로 부정문에 사용된다. 이 문장은 They에 병렬로 이어진 두 동사 모두 don't care, don't want로 부정문이다. get lost는 '길을 잃다'라는 뜻이지만, 말이나 글의 흐름을 따라가지 못하는 상황을 나타낼 때도 쓰인다.

⟳ 워크북 110쪽

Workbook Ⓐ **1** 대화 **2** 공유하다 **3** 요점을 말하다 **4** 대신에 **5** 호수 **6** ~이 없으면 **7** 분명한 **8** 따라가다, 이해하다 **9** 지루한 **10** ~에 관심을 가지다 **11** 구멍 **12** 길을 잃다 **13** 또한 **14** 깊은
Ⓑ **1** you need to share important information **2** Let's say you talk about your family trip **3** don't want to get lost in the story, either **4** they want to hear the interesting parts of your story **5** Without a clear point

소재 남극의 Halley 6 기지 소개

⊃ 본책 52쪽

정답

1 ④   **2** ③   **3** ③   **4** a. research b. buried

해석

Halley는 남극에 있는 연구기지였다. 그것은 1956년 영국 탐험대에 의해 창설되었다. 탐험대는 Halley만에 그들의 기지를 세우기로 결정했다. 가장 최근 기지인 Halley 6는 2013년에 문을 열었다. Halley에는 다섯 개의 이전 기지들이 있었다. 그들은 다양한 건축법을 시도해 보았다. 처음 네 개는 모두 눈에 파묻혀서 붕괴되었다. Halley 6는 8개의 모듈이 이어진 형태이다. 그것은 얼음 위에 지어졌다. 얼음은 매년 400미터씩 움직이고 그 구조물도 얼음과 함께 움직인다. Halley 6는 스키 위에 있어서 사람들이 적당한 장소로 그것을 되돌려 이동할 수 있다. 그렇다면, 사람들은 그 기지를 어떻게 지었을까?

해설

1 ⓓ는 ice를 가리키며, 나머지는 모두 Halley 6를 가리킨다.

2 Halley 6 기지의 모듈은 얼음 위에 스키 형태의 다리를 가지고 있어서, 강한 바람에 얼음이 밀려도 사람들이 다시 원래 위치로 끌고 올 수 있다고 했으므로 ③이 정답이다.

3 남극의 겨울 날씨에도 잘 견딜 수 있는 연구기지의 건설에 대한 내용이다. 마지막 문장으로 보아, 가장 최근에 생긴 기지인 Halley 6의 건설 방법에 대한 이야기를 할 것으로 짐작할 수 있다.

4 a. 공해가 더 심해지고 있다. 우리는 그 원인들에 대한 조사를 좀 해야 한다.
   b. 그 개는 땅에 뼈다귀를 묻었지만, 다른 개가 그것을 찾아냈다.

구문

· The first four **were** all **buried by** snow and **crushed**.
   → 「be동사의 과거형＋과거분사＋by」는 과거형 수동태로, '눈에 파묻혀서 붕괴되었다'라고 해석한다. buried와 crushed가 등위 접속사 and로 연결되어 있는 문장이다.
· Halley 6 is on skis **so** people can move it back to the right place.
   → 접속사 so는 앞부분의 원인에 대한 결과를 설명하는 절을 이끈다.

⊃ 워크북 111쪽

Workbook

Ⓐ **1** 연구, 조사 **2** 남극 **3** 설립하다 **4** 영국의 **5** 탐험대 **6** 세우다 **7** 만 **8** 이전의 **9** 다양한 **10** 건설 **11** 방법 **12** 묻다, 매장하다 **13** 으스러뜨리다 **14** 줄, 일련 **15** 모듈(독자적 기능을 가진 기본 단위) **16** 구조물 **17** 건축하다 **18** 기지, 근거지

Ⓑ **1** It was founded in 1956 **2** decided to set up their base at Halley Bay **3** They have tried various construction methods. **4** were all buried by snow **5** so people can move it back story Ⓐ   • 소재 곤충을 먹는 사람   ⊃ 본책 54쪽

• 정답

1 ③   **2** ①   **3** it(the wax worm) feeds on honeycombs in the wild   **4** a. insects b. audience

• 해석

곤충 전문가인 David George Gordon은 음식에 대한 그의 특별한 취향으로 유명하다. 그가 세계 문화를 연구했을 때, 그는 사람들이 오랫동안 곤충을 먹어 왔다는 것을 알게 되었다. 곤충은 단백질이 풍부하고 미네랄과 비타민으로 가득하다. 그래서, 그는 "곤충을 먹어 보는 건 어떨까?"라고 스스로 묻기 시작했고 곤충을 요리하기 시작했다. 그가 좋아하는 곤충 간식은 벌집나방 애벌레이다. 그것은 종종 물고기나 애완 도마뱀을 위한 먹이로 팔린다. 그는 그것이 야생에서 벌집을 먹고 살기 때문에 단맛이 난다고 말한다. 그가 관객들을 위해 요리할 때, 그는 자주 아이들을 초대해서 함께 요리한다. 때때로 그는 메뚜기를 먹는 아이들이 버섯은 좋아하지 않는 것을 발견한다. 그는 "입맛은 모두 다르다. 당신이 좋아하는 음식이 남들에게는 그렇게 맛있지 않다."라고 말한다.

• 해설

1 빈칸 뒤에 이어진 말에서, 각자의 음식 취향이 다르다는 내용을 참고하여 '입맛의 다양성'을 나타낼 수 있는 단어를 고른다.
    ① 단순한 ② 비슷한 ③ 다른 ④ 끔찍한 ⑤ 건강한
2 주어진 문장은 음식으로서의 곤충의 장점을 나타내므로, 곤충이 음식으로서 좋다는 내용이 언급된 곳을 찾는다. ⓐ 앞에 사람들이 오랫동안 곤충을 먹어왔다는 내용이, ⓐ 뒤에 Gordon이 곤충을 먹기로 결심한 내용이 나온다.

3
> Q: 곤충 전문가인 David George Gordon은 벌집나방 애벌레가 단맛이 난다고 말했다. 그것은 왜 단맛이 날까?
> A: 그것이 야생에서 벌집을 먹고 살기 때문이다.

4 a. 거미는 나비나 벌과 같은 날아다니는 곤충을 잡기 위해 거미줄을 만든다.
    b. 그 연주회장에 있는 관객은 그녀의 노래에 감동했고 그녀에게 큰 박수를 쳐 주었다.

• 구문

· So, he started to ask himself "**Why not** eat insects?" and started cooking them.
   → Why not ~?은 이유를 물을 때 뿐만 아니라 권유를 할 때도 사용된다. 이 문장은 '~해 보는 건 어떨까?', 또는 '~해 보자'라는 의미로 해석한다.
· Sometimes he finds that kids **who eat grasshoppers** don't like mushrooms.
   → who eat grasshoppers는 앞의 명사 kids를 꾸며주는 역할을 한다. finds의 목적어 that절에서, 주어는 kids이고 동사는 don't like이다.

⊃ 워크북 112쪽

Workbook   Ⓐ **1** 곤충 **2** 전문가 **3** 특별한 **4** 입맛, 취향 **5** 문화 **6** 오랫동안 **7** 간식 **8** 형편없는 **9** 도마뱀 **10** 단맛이 나는 **11** ~을 먹고 살다 **12** 벌집 **13** 야생에서 **14** 청중, 관객 **15** 메뚜기 **16** 버섯
Ⓑ **1** is famous for his special taste for food **2** people have been eating insects for a long time **3** Why not eat insects **4** because it feeds on honeycombs in the wild **5** Kids who eat grasshoppers

소재 게임, 스마트폰, 인터넷 중독 　　　　　　　　　　　　　　　　　　　　　　⊃ 본책 56쪽

정답

1 ① 　**2** We must(should, have to) control our actions. 또는 We must(should, have to) be cautious about computer games, smartphones and the Internet. 　**3** justify 　**4** a. addiction b. valuable

해석

모든 학생은 스트레스가 있다. 그들은 좋은 성적을 위해 열심히 공부해야 하고, 가족과 친구와 관련된 문제들을 처리해야 한다. 하지만 이런 것들이 컴퓨터 게임, 스마트폰 그리고 인터넷과 같은 것들에 대한 중독을 정당화하지는 못하는데, 스트레스를 풀기 위한 훨씬 더 건강하고 가치 있는 방법들이 있기 때문이다. 만약 이 3가지 중 적어도 1가지라도 중독된 학생이라면, 가능한 한 빨리 이 중독을 극복하려고 열심히 노력해야 한다. 그것은 단지 지금을 위해서만이 아니라 미래를 위해서이기도 하다. 컴퓨터 게임, 스마트폰, 그리고 인터넷을 주의하라. 자신의 행동을 조절하지 않으면, 당신은 미래의 문제를 처리하는 데 어려움을 겪을 것이다.

해설

1 학생들이 스트레스를 받아서 게임, 스마트폰, 인터넷 중독으로 이어질 경우 빠른 시일에 고치려고 노력해야 한다는 내용이므로 ① '미래를 유익하게 하기 위해 중독 극복하기'가 주제로 가장 자연스럽다.
　② 스트레스를 제거하는 방법 찾기 ③ 모든 학생이 가지고 있는 문제들 ④ 학생들에게 유용한 기술 ⑤ 컴퓨터 게임, 스마트폰, 그리고 인터넷의 영향
2 마지막 문장에 훌륭한 사람이 되려면 자신의 행동을 조절해야 한다는 의미가 내포되어 있다. 또한 그 앞에 있는 컴퓨터 게임, 스마트폰과 인터넷에 주의하라는 것도 답이 될 수 있다.

> Q: 본문에 따르면, 미래의 문제들을 처리하길 원한다면, 우리는 무엇을 해야 하는가?
> A: 우리는 우리의 행동을 조절해야 한다. / 우리는 컴퓨터 게임, 스마트폰, 그리고 인터넷을 주의해야 한다.

3 다음의 뜻을 가진 단어는 justify(정당화하다)이다.

> • 어떤 것이 옳거나 합리적임을 보여주다
> • ~에 대해 설명하다, ~에 대한 이유를 대다

4 a. 나는 매일 컴퓨터 게임을 하고 그것들을 하는 것을 끊지 못한다. 나는 그것들에 중독이 있다.
　b. 만약 우리가 매우 중요한 무언가를 묘사하기 원한다면, 우리는 '귀중한'이라는 단어를 사용할 수 있다.

구문

• If you are **a student who** is addicted to at least one of these three things, ~.
　→ 관계대명사 who가 이끄는 절이 앞의 a student에 대한 보충 설명을 하고 있다.
• It is **not only** for now, **but (also)** for the future.
　→ 「not only A but (also) B」는 'A뿐만 아니라 B도'라는 의미로, A와 B는 어법상 같은 형태가 온다.

⊃ 워크북 113쪽

Workbook 　**A** 1 정당화하다　2 중독　3 가치 있는, 귀중한　4 완화하다, 풀다　5 적어도　6 조심스러운, 신중한　7 유익하다　8 스트레스　9 성적, 점수　10 ~을 향해, ~쪽으로　11 타당한　12 극복하다　13 제어하다, 조절하다　14 행동
B 1 They have to work hard for good grades. 　2 a student who is addicted to at least one of these three things 　3 not only for now, but for the future 　4 Be cautious about computer games, smartphones and the Internet. 　5 If you don't control your actions

⊃ 본책 58쪽

story Ⓐ ◦소재 하키 펙의 재료

◦정답

1 ②　　2 Source, Hockey Pucks　　3 ①　　4 a. almost b. frozen

◦해석

진짜 하키용 펙은 고무로 만들어져 있다. 그러나 만약 당신이 단지 재미만을 위해서 하키를 하고 있다면, 거의 아무거나 쓰일 수 있을 것이다. 이것은 특히 하키의 초창기에 사실이었다. (B) 그 당시에는, 석탄 조각이 펙으로 사용되었다. 그러나 곧 사람들은 다른 것을 대신 사용하고 싶어 했는데, 석탄은 귀중하고 쉽게 부서지기 때문이었다. (A) 또 다른 종류의 펙은 나무로 만들어진 것이었다. 그것은 더 좋고 더 쌌다. 그러나 사람들은 결국 완전히 공짜인 펙의 새로운 공급원을 발견했다. (C) 믿거나 말거나, 사람들은 종종 말똥의 얼어붙은 조각을 사용했다. 그 당시에는 말이 모든 도시의 거리에서 수레를 끌었기 때문에, 사람들은 그것을 어디에서든 발견할 수 있었다.

◦해설

1 하키용 펙의 재료로 무엇이든 가능한데, 초창기에는 더욱 그러했다는 내용 다음에는 그 당시에 하키 펙은 석탄이라는 내용의 (B)가 와야 한다. (B)의 마지막에 다른 재료를 사용하고자 했다는 말이 있는데 이와 연결이 되는 것이 (A)이다. (A)의 끝에서 결국 사람들이 무료인 재료를 찾았다고 했는데 이는 (C)에 제시된 말의 똥이다.

2 역사적으로 다양한 하키 펙의 재료들이 바뀌어 사용되었다고 소개되어 있다.

> 하키 펙의 공급원의 변화

3 본문에서 do는 목적어 없이 쓰인 자동사로, 문맥상 '사용 가능하다, 쓸모가 있다'의 의미로 쓰였다. ①을 제외한 나머지는 모두 '(어떤 동작이나 행위를) 하다'의 의미로 쓰였다.
① 이 신발들은 파티를 위해 쓰이지 않을 것이다. ② 그들은 그들이 좋을 대로 할 자유가 있다. ③ 우리가 그것에 대해 할 수 있는 것은 아무것도 없다. ④ 나는 보통 주말에 설거지를 한다. ⑤ 나는 오늘 할 것이 많다.

4 a. 나는 독서 숙제를 거의 끝냈다. 한 쪽만 더 읽으면 된다.
　 b. 얼음은 그저 얼어붙은 물일 뿐이다.

◦구문

· **Believe it or not**, people often used a frozen piece of horse dung.
→ 원래 형태는 Whether you believe it or do not believe it인데 일부 단어를 생략하여 believe it or not의 형태로 쓴 것이다. 명령문으로 오해하지 않도록 유의하며, '믿든지 말든지 간에'의 의미로 해석한다.

· **Since** horses pulled carts on every city street at that time, people could find it anywhere.
→ since는 '~한 이래로'의 뜻 말고도, '~하기 때문에'라는 뜻의 이유를 나타내는 접속사로도 쓰인다.

⊃ 워크북 114쪽

Workbook　Ⓐ 1 고무　2 재미로　3 거의　4 특히　5 나무, 목재　6 공급원, 원천　7 완전히　8 석탄　9 대신에　10 귀중한, 값비싼　11 부서지다　12 언, 얼어붙은　13 분뇨, 똥　14 ~하기 때문에　15 끌다　16 수레　17 거리　18 어디서든
Ⓑ 1 are made of rubber　2 Another kind of puck was made of wood.　3 a new source of pucks that was absolutely free　4 Believe it or not　5 Since horses pulled carts on every city street

◆ 정답

1 ① **2** ⑤ **3** ⓑ–ⓓ–ⓐ–ⓒ **4** a. essential b. Thighs

◆ 해석

운동을 하기 전, 스트레칭이 필수적이다. <u>만약</u> 당신이 스트레칭 방법을 모른<u>다면</u> 여기 당신을 도와줄 몇 가지 조언이 있다. 먼저, 똑바로 선다. 그리고 왼쪽 무릎을 구부리고 왼쪽 발을 오른쪽 허벅지 위에 둔다. 그 다음, 손바닥을 가슴 앞에 모으고 팔을 위로 올려서 하늘로 뻗는다. 10초 동안 깊게 숨을 쉰다. 그 후에, 매트에 눕는다. 무릎을 구부려서 가슴에 대고 손으로 그 주위를 감싼다. 이제 배를 볼 수 있도록 머리를 숙인다. 그대로 5초간 멈춘다. 팔을 매트에 놓고 양쪽 다리를 풀어준다. 마지막으로, 다리와 팔을 위로 똑바르게 올리고, 5초 후에 바닥으로 내린다. 이제 기본적인 스트레칭을 시작하라!

◆ 해설

1 '스트레칭 방법을 모른다면, 도와줄 조언들이 있다'라는 의미로 연결이 되는 것이 자연스럽다. 따라서 if가 가장 적절하다.
① 만약 ~라면 ② ~한 후에 ③ 심지어 ④ 그래서 ⑤ ~하기 전에

2 스트레칭의 간단한 단계를 소개하는 글이다.
① 운동의 중요성
② 근육 만드는 방법
③ 당신은 얼마나 오래 스트레칭을 해야 하는가
④ 규칙적인 스트레칭의 이점
⑤ 스트레칭을 위한 간단하고 쉬운 조언

3 제시된 운동의 순서대로 그림을 알맞게 배열하면 ⓑ–ⓓ–ⓐ–ⓒ가 된다.

4 a. 돈이 행복에 <u>필수적인</u> 것은 아니다.
b. <u>허벅지</u>는 무릎과 엉덩이 사이의 다리의 윗부분이다.

◆ 구문

· If you don't know **how to stretch**, ~.
→ 「how+to부정사」는 '~하는 방법'이라는 의미로 「how+주어+should+동사원형」으로 바꾸어 쓸 수 있다.
· ~, here are some tips **to help** you.
→ '여기 당신을 도와줄 몇 가지 조언이 있다'라는 의미로 여기서 to부정사는 앞의 명사(some tips)를 수식하는 형용사적 용법으로 쓰였다.

⊃ 워크북 115쪽

Workbook Ⓐ **1** 필수적인 **2** 구부리다 **3** 무릎 **4** 허벅지 **5** 손바닥 **6** ~ 앞에 **7** 가슴 **8** 숨쉬다 **9** 깊게 **10** 눕다 **11** 낮추다 **12** 배 **13** 풀어주다 **14** 조언, 비결 **15** 기본적인 **16** 똑바르게 하다
Ⓑ **1** If you don't know how to stretch **2** Put your palms together in front of your chest. **3** Bend your knees to your chest **4** Put your arms on the mat **5** Straighten your legs and arms upward.

story **A**

소재 뜻밖의 선물

⊃ 본책 62쪽

정답

1 ②   2 사무실에 있는 그녀의 모든 물건을 은박지로 싼 것   3 foil, birthday(special) gift
4 a. shined(shone) b. use up

해석

당신은 당신의 생일에 무엇을 원하는가? 새 휴대전화? 아니면 드레스? Kristen은 그녀의 서른아홉 번째 생일에 매우 특별한 선물을 받았다. 그녀는 그녀의 생일에 반지나 목걸이 같은 조금 반짝이는 것을 받기 원했다. 그러나 그녀의 직장 동료들은 그녀에게 밝게 빛나는 훨씬 더 큰 것을 주고 싶어 했다. (빛나는 무언가가 항상 선물로 주기 좋은 것은 아니다.) 그들은 그녀의 책상, 프린터 그리고 펜과 같은 그녀의 사무실의 모든 물건을 은박지로 싸기로 결정했다. 그것은 두 시간 정도 걸렸으며, 그들은 두 통의 은박지를 다 썼다. Kristen은 이 놀라운 선물을 좋아했고 그들의 노고에 대해 동료들에게 감사했다.

해설

1 글의 내용상 Kristen은 반짝이는 물건을 선물로 받고 싶어 했고, 직장 동료들 역시 반짝이는 선물을 생각했다. 그런데 그다음에 반짝이는 물건이 선물로 항상 좋은 것은 아니라는 ⓑ의 내용은 흐름상 어색하다.

2 동료들의 노고는 두 시간에 걸쳐 은박지 두 통을 써서 사무실의 그녀의 모든 물건을 은박지로 싼 일을 가리킨다.

3 평범한 사무실 물건들을 은박지로 싸서 특별한 생일 선물로 주었다는 것이 글의 요지이다.

> Kristen의 기대와 달리 그녀의 친구들은 은박지로 그녀의 회사 물품들을 싸서 그녀에게 생일(특별한) 선물로 그것을 주었다.

4 a. 비가 멈춘 후에, 해가 빛났고 하늘은 맑았다.
  b. 당신은 당신의 돈 모두를 다 써버리면 안 된다. 당신은 그것의 일부를 은행에 저금할 필요가 있다.

구문

• But her co-workers wanted to give her **a lot** bigger thing *which* shined brightly.
  → 이 문장에서 a lot은 '많은'의 뜻이 아니라, 비교급 앞에 쓰여 '더욱, 훨씬'이라는 부사로 쓰였다. which는 주격 관계대명사로, which가 이끄는 관계대명사절이 앞의 명사 thing을 꾸며준다.
• Something shiny is **not always** good for giving *as* a gift.
  → not always는 부분 부정의 의미로 '항상 ~한 것은 아니다'의 뜻을 나타낸다. as는 이 문장에서 '~로서'의 뜻으로 쓰였다. as는 '~처럼, ~할 때' 등 다양한 의미로 쓰이므로 문맥에서 어떤 의미로 사용되었는지 유의해야 한다.

⊃ 워크북 116쪽

Workbook

A 1 받다 2 선물 3 빛나는 4 반지 5 목걸이 6 동료 7 밝게 8 결정하다 9 포장하다, 싸다 10 은박지
11 통 12 놀라운 13 특별한 14 ~을 다 써버리다
B 1 wanted to get a little shiny thing 2 wanted to give her a lot bigger thing 3 is not always good for giving as a gift 4 decided to wrap everything in her office with foil
5 It took about two hours

●정답

1 ③ **2** ④ **3** backwards **4** a. brain b. flap

●해석

벌새는 세상에서 가장 작은 새이다. 320개의 벌새 종들 중, 몇몇 벌새는 너무 작아서 심지어 그들보다 더 큰 거미줄에 잡힐 수도 있다. 비록 그들은 크기는 작지만, 그들의 뇌가 몸무게에서 차지하는 비중이 조류 왕국에서 가장 크다. 그러므로 그들은 그들이 방문한 모든 꽃을 기억할 정도로 충분히 똑똑하다. 벌새는 그들이 날 때 그들의 날개로 만드는 윙윙거리는 소리에서 그 이름을 얻었다. 각각의 종은 다른 윙윙거리는 소리를 가지고 있고 그것은 날개를 퍼덕거리는 횟수에 의해 결정된다. 하나의 흥미로운 사실은 그들은 뒤로 날 수 있는 유일한 새라는 것이다!

●해설

1 벌새의 뇌가 몸무게에서 차지하는 비중이 새들 중 가장 크다는 내용 뒤에 벌새의 영리함을 보여 주는 예시가 뒤따라 나오는 것이 가장 적절하다.

2 벌새는 각각의 종마다 윙윙거리는 소리가 다르다.
① 몇몇의 벌새는 거미줄보다 더 작다.
② 벌새는 그들이 만드는 소리에 의해 이름 지어졌다.
③ 벌새는 그들의 날개를 퍼덕일 때 윙윙거리는 소리를 낸다.
④ 윙윙거리는 소리는 모든 종이 같다.
⑤ 벌새는 앞으로 뿐만 아니라 뒤로도 날 수 있다.

3
> • 그 어린 아기는 균형을 잃고 뒤로 넘어졌다.
> • 조심해! 한 발짝 뒤로 물러서.

4 a. 너는 두뇌를 건강하게 유지하기 위해 땅콩이나 아몬드를 먹어야 한다.
   b. 새끼 독수리들은 공중에 떠 있기 위해 열심히 그들의 날개를 퍼덕거린다.

●구문

• Hummingbirds are **the smallest** birds in the world.
 → 「the+최상급」은 '가장 ~한'의 뜻이다.
• ~, some are **so** small **that** they can even get caught in a spider web ~.
 → 「so ~ that ...」 구문은 '너무 ~해서 …하다'의 뜻이다.
• **Each** species has a different humming sound ~.
 → each 다음에는 단수명사와 단수동사가 온다. species는 -s로 끝나지만 생물 분류의 기초 단위인 '종'을 나타내는 명사로 단수와 복수형이 같다.

⊃ 워크북 117쪽

Workbook **Ⓐ 1** 벌새 **2** 종 **3** 거미줄(집) **4** 비중 **5** 뇌 **6** 무게 **7** 왕국 **8** 날개 **9** 결정하다 **10** 날개를 퍼덕거리다 **11** 사실 **12** 뒤로 **13** ~ 중에 **14** 흥미로운
Ⓑ 1 the smallest birds in the world **2** so small that they can even get caught in a big spider web **3** smart enough to remember every flower they have visited **4** Each species has a different humming sound. **5** they are the only birds that can fly backwards

⊃ 본책 66쪽

story A

소재 타인에 대한 배려

정답

1 ④   2 ⑤   3 carry   4 a. clear b. appreciate

해석

배려하는 것은 우리가 서로를 어떻게 대하는가에 대한 것이다. 우리는 타인에 대한 관심을 보여 주고, 그들에게 친절하며, 그들과 물건을 나눌 수 있다. 이들 모두가 우리가 배려한다는 것을 보여 줄 수 있는 방법이다. 예를 들면, 당신이 당신의 아빠가 집을 치우는 것을 돕거나 당신의 여동생이 그녀의 책을 옮기는 것을 돕는다면, 당신은 당신이 그들을 배려한다는 것을 보여 주는 것이다. 당신이 이웃의 신문을 그들의 문까지 가져다 두거나, 그들 집 앞의 눈을 치울 때, 당신은 그들에게 당신이 얼마나 많이 그들을 배려하는지 보여 주는 것이다. 때때로, 사람들은 당신이 그들을 대하는 것과 같은 방식으로 당신을 대하지 않을 것이다. 그러나 시간이 지나면, 당신은 당신의 주변 사람들이 당신의 행동에 감사하고 당신에게 친절을 보여 준다는 것을 알게 될 것이다.

해설

1 앞서 타인을 배려하는 방법을 관심 보이기, 친절하게 대하기, 물건 나누기 등으로 분류한 뒤, 집 치우는 것 돕기, 책 옮기는 것 돕기 등과 같이 구체적인 활동을 언급했다. 따라서 빈칸에는 구체적인 사례를 소개하기 위해 사용하는 연결어 For example이 들어가는 것이 적절하다.
① 마침내 ② 그러나 ③ 그러므로 ④ 예를 들면 ⑤ 마찬가지로

2 이 글은 주변 사람들에게 먼저 배려하는 모습을 보이면 사람들도 같은 방식으로 보답할 것이라는 내용이다. 따라서 타인을 대하는 태도에 대해서 이야기하는 ⑤가 가장 적절하다.
① 돌다리도 두드려 보고 건너라. ② 이미 엎질러진 물이다. ③ 같은 깃털의 새는 함께 모인다.(유유상종) ④ 어려운 때의 친구가 진정한 친구이다. ⑤ 당신이 대우 받고 싶은 대로 남들을 대하라.

3 carry는 '(이동 중에) 들고 있다, 나르다', '휴대하다, 가지고 다니다' 등의 의미를 가진다.

> • 아빠는 여행 가방 하나를 들고 계셨다.
> • 나는 주머니에 돈을 많이 갖고 다니지 않는다.

4 a. 저녁 식사 후, 나는 식탁을 치우고 설거지를 한다.
b. 너는 나를 항상 많이 돕는다. 나는 그것을 진심으로 감사한다.

구문

• Caring is about **how** we treat each other.
→ how는 전치사 about의 목적어로 쓰인 명사절을 이끌고 있다. '어떻게 ~하는지'로 해석한다.
• For example, if you **help** your dad **clean** up the house or **help** your sister **carry** her books, ~.
→ 「help+목적어+동사원형」은 '~가 …하는 것을 돕다'라는 의미로 쓰인다.

⊃ 워크북 118쪽

Workbook

Ⓐ 1 배려 2 대우하다 3 관심, 걱정 4 나누다, 공유하다 5 ~에 마음 쓰다, 배려하다 6 치우다 7 감사하다 8 행동 9 친절 10 서로 11 이웃 12 ~ 앞에 13 신문 14 때때로

Ⓑ 1 about how we treat each other 2 We can show concern for others 3 help your dad clean up the house 4 show your neighbors how much you care 5 in the same way that you treat them

《정답》

1 ⑤　　**2** head injuries　　**3** ④　　**4** a. injuries b. provide

《해석》

자전거를 타든 스케이트보드를 타든, 헬멧은 충돌이나 낙상의 결과로 생기는 머리 부상을 예방할 수 있다. 헬멧은 무척 중요하다. 사실, 당신은 자전거를 살 때 헬멧도 사야 한다. 그리고 자전거를 타기 전에, 헬멧을 써야 한다. 그러나 헬멧을 쓴다고 당신의 안전이 보장되는 것은 아니다. 만약 헬멧이 헐거워서 머리 둘레에 움직인다면, 그것은 당신의 시야를 가릴 수 있다. 그것은 충돌이나 낙상으로 이어질지도 모른다. 게다가 헐거운 헬멧은 자전거 충돌 사고나 낙상에서 충분한 보호를 해주지 않아서, 심각한 머리 부상을 예방하기 위해 충분하지 않다. 이 기사에서 우리는 자전거용 헬멧을 고르는 방법에 대해 알려줄 기본 조언들을 제공한다.

《해설》

1 (A)의 앞 내용은 헬멧을 써야 한다는 것이고 뒤의 내용은 아무 헬멧이나 쓴다고 사고가 예방되는 것은 아니라는 내용이므로 (A)에는 However(그러나)가 알맞다.
(B) 앞에는 느슨한 헬멧이 시야를 가려 사고가 날 수 있다는 내용이 오고, (B) 다음에는 이에 더하여 심각한 머리 부상으로 이어질 수 있다고 경고하고 있으므로 부연 설명하는 Moreover(게다가)가 알맞다.
① 그러므로 … 게다가 ② 그러나 … 그럼에도 불구하고 ③ 결과적으로 … 예를 들어 ④ 다시 말해서 … 결과적으로 ⑤ 그러나 … 게다가

2 헬멧이 머리 부상을 예방할 수 있다는 내용이다.

> 헬멧을 쓰지 않으면, 머리 부상을 초래할지도 모른다.

3 헬멧 착용의 중요성을 이야기하다가 마지막 문장에서는 이제 적절한 헬멧을 고르는 방법에 대해 이야기하겠다고 언급되어 있다.

4 a. 자전거는 가장 흔한 부상의 원인이다. 너는 조심해야 한다.
b. 배터리가 로봇 강아지에게 에너지를 제공한다.

《구문》

· ~ that will **tell** you how to choose a bike helmet.
　→ 「tell+간접목적어(you)+직접목적어(how to choose a bike helmet)」가 쓰인 4형식 문장이다. '당신에게 자전거용 헬멧 고르는 법을 말해줄 것이다'라고 해석한다.

⊃ 워크북 119쪽

Workbook　　**Ⓐ** **1** 막다, 예방하다 **2** 부상 **3** 충돌 **4** 중요한 **5** 보장하다 **6** 안전 **7** 헐거운 **8** 쓰다, 입다 **9** 건전지, 배터리 **10** 방해하다 **11** 제공하다 **12** 보호 **13** ~의 원인이 되다, 초래하다 **14** 심각한
Ⓑ **1** Whether you are riding a bike or skateboard **2** when you buy a bike **3** Before you get on your bike **4** Wearing a helmet does not guarantee your safety. **5** basic tips that will tell you how to choose a bike helmet

story A

소재 차를 즐겨 마시는 나라들

○ 본책 70쪽

정답

1 ④　　2 As(Because) serving tea to a visitor is a duty.　　3 ⑤　　4 a. nation b. nickname

해석

당신은 차가 중국과 일본에서만 인기 있다고 생각할지 모른다. 그러나 사실은 세계 각지의 사람들이 차 마시는 것을 즐긴다. 세계에서 가장 차를 많이 마시는 나라는 인도이다. 인도 사람들은 차를 아침과 저녁 음료로 마신다. 영국 사람들 또한 차 마시는 것을 매우 좋아한다. 영국 사람들에게는, 일과 시간 중 차 마시는 휴식 시간은 하루 중 반드시 필요한 시간이다. 차는 이집트의 국민 음료이다. 그곳의 대부분의 사람들은 아침과 점심 식사 후에 차를 마신다. 이집트에서 차의 별명은 '의무'인데, 방문객에게 차를 대접하는 것은 의무이기 때문이다.

해설

1 이 글은 차를 즐겨 마시는 나라들에 대해 이야기하고 있는 글이다.
① 차를 처음 마신 것은 누구였나? ② 왜 사람들은 차 마시기를 좋아하는가? ③ 사람들은 주로 언제 차를 마시나? ④ 세계의 어느 곳에서 차가 사랑받는가? ⑤ 세계에서 가장 인기 있는 음료는 무엇인가?

2

> Q: 왜 이집트에서 차의 별명이 '의무'인가?
> A: 방문객에게 차를 대접하는 것이 의무이기 때문이다.

3 밑줄 친 break는 '휴식, 휴식 시간'의 뜻으로 사용되었다.
① Nick은 자신의 약속을 어기지 않을 것이다. ② 그는 아내와 결별했다. ③ 네 팔을 부러뜨리지 않도록 조심해라. ④ 나는 세탁기를 고장 내지 않았다. ⑤ 잠시 휴식을 취하고 뭔가를 먹자.

4 a. 중국이 세계에서 가장 힘이 있는 나라가 될까?
b. 미나는 춤을 정말 잘 춘다. 그녀의 별명은 "춤의 여왕"이다.

구문

· But in fact, people all around the world **enjoy drinking tea.**
→ drinking tea는 동명사구로 동사 enjoy의 목적어로 사용되었다. 이처럼 동명사구를 목적어로 취하는 동사로는 enjoy, finish, stop, mind, avoid 등이 있다.
· A nickname for tea in Egypt is "duty," **as** *serving tea to a visitor* is a duty.
→ 접속사 as는 여러 가지 뜻이 있지만 여기서는 '～이기 때문에'의 의미로 사용되었다. serving tea to a visitor는 동명사구로 as가 이끄는 부사절에서 주어 역할을 하고 있다.

○ 워크북 120쪽

Workbook

A 1 인기 있는　2 사실은, 실제로는　3 국가, 나라　4 필수적인　5 국가의, 전 국민의　6 별명　7 의무　8 즐기다　9 영국의　10 ～ 동안　11 대부분(의)　12 대접하다　13 방문객　14 차

B 1 people all around the world enjoy drinking tea　2 The world's largest tea drinking nation　3 drink tea as a breakfast and evening drink　4 a tea break during working hours is an essential part of the day　5 as serving tea to a visitor is a duty

소재 괴롭힘에 대한 자세

⭕ 본책 72쪽

정답

1 ② **2** ① **3** notice **4** a. pick on b. turn away

해석

매일 Ted가 학교에 도착할 때, 그가 보는 첫 번째 아이들 중 한 사람이 Mike이다. Mike는 몸집이 크고 목소리도 크고 무섭다. Ted는 Mike를 두려워해서, 그는 Mike를 지나칠 때 머리를 숙인 채 걷거나 회피한다. 그는 Mike가 자신을 알아채지 않기를 바란다. 하지만 Mike는 Ted를 볼 때 자기가 괴롭힐 만한 누군가를 발견했다고 생각한다. Ted는 자기가 그런 메시지를 Mike에게 전하고 있다는 것을 알지 못한다. 그러면 Ted는 무엇을 할 수 있을까? 그는 고개를 들고, 똑바로 서고, 땅을 내려다 보지 말아야 한다. 그것은 그가 두려워하는 듯 보이지 않는 것을 의미한다. 그러면, 그는 "나를 괴롭히지 마."라고 말하는 메시지를 보내게 될 것이고, 그것은 괴롭힘이 시작되기 전에 그것을 막을 수도 있다.

해설

1 자신 있는 태도나 두려워하지 않는다는 것을 보이는 것과 관련된 내용을 찾는다. ① 나는 친구가 필요해 ② 나를 괴롭히지 마 ③ 나는 너희들과 함께 하고 싶어 ④ 나를 두려워하지 마 ⑤ 너는 오늘 안 좋아 보여

2 이 글의 내용은 두려워하지 않는 태도를 보이면 괴롭힘을 막을 수 있다는 것으로, (A)에 어울리는 말은 '두려운, 피하는' 등이며, (B)에 들어갈 말은 이와는 반대로 '당당한, 용감한, 자신 있는' 등의 말이 적절하다.
① 두려운 … 용감한 ② 지루한 … 영향력 있는, 힘이 넘치는 ③ 화난 … 흥미를 느끼는 ④ 행복한 … 두려워하는 ⑤ 무서워하는 … 실망한

> 남을 괴롭히는 사람들은 두려워하는 아이들을 놀리기 좋아한다.
> 만약 당신이 용감해 보이면, 괴롭히는 사람은 당신을 그냥 무시할 것이다.

3 notice는 '안내문; 알아차리다'라는 뜻을 가진다.

> • '주차금지'라는 안내문이 있다.
> • 나는 선생님이 교실에 오시는 것을 알아차리지 못했다.

4 a. 왜 내 형은 나를 괴롭힐까? 그는 나를 놀리는 것을 좋아한다.
b. 나는 아무와도 말하고 싶지 않다. 그래서 나는 그들로부터 몸을 돌려 밖으로 나갈 것이다.

구문

• ~, so he walks **with** his head **down** or turns away when he passes by Mike.
→ 「with+명사+부사/형용사」 형태로 쓰면, '~을 …한 채로'라는 의미가 된다. 이 문장에서는 down이 '아래로 향한' 즉, '숙인'의 뜻으로 쓰였다. 예를 들어 with his mouth full은 '그의 입을 가득 채운 채로'라는 뜻이다.

⭕ 워크북 121쪽

Workbook

Ⓐ 1 ~에 도착하다 2 목소리가 큰 3 무서운 4 ~을 두려워하다 5 몸을 돌리다, 회피하다 6 ~을 지나치다 7 알아차리다 8 ~을 괴롭히다 9 ~을 보내다 10 ~을 들다 11 서다 12 무서워하는 13 괴롭힘 14 무시하다

Ⓑ 1 one of the first kids whom he sees is Mike 2 walks with his head down 3 He hopes that Mike won't notice him. 4 he has found someone to pick on 5 The message might stop the bullying before it starts.

story Ⓐ ◖소재◗ 간디의 소금 행진 ⟳ 본책 74쪽

◖정답◗

1 ③　　**2** ⓓ → ⓐ → ⓒ → ⓑ　　**3** ⑤　　**4** a. protest　b. arrested

◖해석◗

우리는 더 오래 살기 위해 소금을 덜 먹어야 한다. 너무 많은 소금은 건강에 나쁘지만 역사를 통틀어서 소금은 세계의 많은 사람들에게 귀중했다. 소금은 냉장고 발명 전에 음식을 보존하기 위해 사용되었다. 그것이 유용했기 때문에 정부는 소금에 세금을 부과했다. 그러나 과도한 세금이 갈등을 야기했다. 1930년에 Mohandas Gandhi는 영국 식민 정부가 인도 사람들에게 소금을 사고 높은 세금을 낼 것을 요구했기 때문에 평화로운 시위를 이끌기로 결심했다. 그는 그 유명한 23일간의 소금 행진을 이끌었고 거의 6만 명의 사람들이 그와 함께 체포되었다. 비록 인도는 1947년까지 독립을 얻지 못했지만, 그 소금 행진은 인도에서 영국의 부당성에 대한 국제적 인식을 불러 일으켰다.

◖해설◗

1 (A) 정부가 세금을 부과한 것이므로 능동 형태의 taxed가 온다. (B) require A to do: 'A에게 ~할 것을 요구하다'라는 뜻으로 목적격 보어로 to부정사가 온다. (C) raise awareness는 '의식을 고취시키다'라는 뜻이다.

2 영국 식민 정부가 소금에 대한 과도한 세금을 부과해서 Mohandas Gandhi는 평화적인 방법으로 23일 동안 시위했으며, 그 결과 많은 사람들과 함께 체포되었다. 인도가 독립한 것은 그로부터 27년 뒤이다.
　　ⓓ 영국 식민 정부는 인도에서 소금에 세금을 부과했다.
　　ⓐ 소금 행진은 23일 동안 지속되었다.
　　ⓒ Mohandas Gandhi는 다른 사람들과 함께 체포되었다.
　　ⓑ 인도는 1947년에 마침내 독립했다.

3 ⓔ는 '3월'이 아니라 '행진'이라는 의미로 쓰였다.
　　① ⓐ – 매우 유용하고 귀한 ② ⓑ – 오랜 시간 동안 음식을 저장하기 위해 그것을 처리하다 ③ ⓒ – 어떤 것에 대한 심각한 논쟁들 ④ ⓓ – 폭력 또는 문제들 없이 ⑤ ⓔ – 한 해의 세 번째 달

4 a. 전쟁에 대한 저항은 그 마을을 행진하는 것으로 시작되었다.
　　b. 경찰은 강도를 잡아 현장에서 체포했다.

◖구문◗

· We should eat less salt **to live** longer.
　→ to부정사가 '~하기 위하여'의 뜻으로 목적을 나타낸다.

· Salt **was used** *to preserve* food before the invention of refrigerators.
　→ 「be동사+p.p.」의 수동태 구문이 쓰여 소금이 사람들에 의해 사용되었음을 나타낸다. 이 문장의 to부정사도 목적을 나타내어 '~하기 위해서'의 의미로 쓰였다.

⟳ 워크북 122쪽

Workbook Ⓐ **1** ~에 나쁘다 **2** 건강 **3** 귀중한 **4** 보존하다 **5** 발명 **6** 정부 **7** 세금을 부과하다; 세금 **8** 야기하다 **9** 갈등 **10** 평화로운 **11** 시위, 저항, 항의 **12** 행진 **13** 체포하다 **14** 독립 **15** 의식 **16** 부당성
Ⓑ **1** should eat less salt to live longer **2** Salt was used to preserve food **3** decided to lead a peaceful protest **4** required Indians to buy salt and pay high taxes **5** raised international awareness of British injustices in India

· 정답

1 (A) arms, (B) eyes 또는 (A) eyes, (B) arms   **2** ⑤   **3** ③   **4** a. wave b. species

· 해석

불가사리는 해양 동물이다. 그것은 또한 sea star라고도 불린다. 우리는 세계 곳곳에서 불가사리를 발견할 수 있다. 약 1,600개의 다양한 종류의 불가사리들이 있다. 그것들은 1센티미터만큼 작거나 1미터만큼 클 수 있다. 대부분의 불가사리들은 해안 가까운 곳에서 산다. 만약 조심스럽게 불가사리를 집어 올리면, 그것의 팔 아래에 있는 작은 관들을 볼 수 있을 것이다. 이 관들이 발 역할을 한다. 파도가 바위 위에 있는 불가사리들을 덮칠 때, 이 작은 발들이 그것을 제자리에 붙든다. 대부분의 불가사리들은 다섯 개의 팔을 가지고 있지만, 몇몇 종들은 더 많이 가지고 있다. 각 팔의 끝에는 하나의 눈이 있다. 그래서, 불가사리들은 같은 수의 팔과 눈을 가진다.

· 해설

1 so는 인과 관계를 나타내는 접속사이므로 뒤 문장은 앞 문장의 결과에 해당하는 내용이 와야 한다. 앞 문장에서 불가사리들은 각각의 팔 끝에 하나의 눈이 있다고 했기 때문에, 불가사리들은 같은 수의 팔과 눈을 가진다는 것을 알 수 있다.

2 불가사리의 먹이에 관해서는 언급되지 않았다.
① 별명 ② 서식지 ③ 크기 ④ 외모 ⑤ 먹이

3 대부분의 불가사리들은 해안 가까운 곳에 산다. 그러므로 ③이 일치하지 않는 내용이다.

4 a. 큰 파도가 배를 쳤을 때, 한 소녀가 바다에 빠졌다.
b. 고양이와 호랑이는 같은 종의 일원이다.

· 구문

· It **is** also **called** a sea star.
  → People also call it a sea star.의 수동태 문장이다.
· They can be **as small as** one centimeter or **as large as** one meter.
  → 「as+형용사 원급+as+A」는 'A만큼 ~한'의 뜻으로 비교하는 두 대상의 정도가 비슷할 때 사용하는 표현이다.

⊃ 워크북 123쪽

Workbook   **A** 1 불가사리 2 바다의, 해양의 3 해안, 바닷가 4 아주 작은 5 파도 6 바위 7 제자리에 8 종(種: 생물 분류의 기초 단위) 9 끝 (부분) 10 종류; 친절한 11 가까이에, 근처에 12 외모 13 조심스럽게 14 서식지
B 1 A starfish is also called a sea star. 2 as small as one centimeter 3 If you gently pick up a starfish 4 When waves hit the starfish on the rocks 5 but some species have many more

story A ·소재 실크로드(비단길)의 역사

⊃ 본책 78쪽

·정답

1 ② **2** Silk Road, trade, wealth **3** ③ **4** a. helpful b. developed

·해석

중국의 황제인 무제(武帝)는 무역을 가능하게 하기 위해 비단길을 개발하기 시작했다. 비단길은 한 개의 긴 길이 아니었다. 그것은 서로 연결되어 있는 수많은 작은 좁은 길들로 이루어졌다. 그것은 육로와 수로에 걸쳐 거의 5,000마일에 뻗어나갔다. 그것은 또한 수백 년에 걸쳐 수천 명의 상인들에 의해 사용되었다. 그들은 비단을 중국에서 서방으로 들여왔고, 유리, 아마포 그리고 금을 서방에서 중국으로 들여갔다. 후에 비단길은 이집트와 다른 국가들뿐만 아니라 중국과 로마 모두의 무역의 발달과 부의 축적에 도움이 되었다.

·해설

1 주어진 문장은 비단길이 서로 연결되어 있는 수많은 작은 좁은 길이라는 내용이다. 이 문장은 비단길이 한 개의 긴 길이 아니라는 내용 뒤인 ⓑ에 와야 흐름이 가장 적절하다.

2
> 비단길 덕분에, 중국인들과 다른 나라의 사람들이 무역을 할 수 있었다. 그것은 또한 그들이 부를 축적하는 데 도움이 되었다.

3 비단길을 통해 중국의 비단이 서방 세계로 퍼져나갔으므로, ③의 내용이 일치하지 않는다.

4 a. 그는 그 문제를 해결하는 데 도움이 되었다. 그 덕분에, 나는 숙제를 끝낼 수 있었다.
   b. 로봇 공학자들은 로봇 강아지를 만드는 기술을 발전시켜 왔다.

·구문

· An Emperor of China, Wudi, began to develop the Silk Road **to make** trade possible.
  → to부정사가 '~하기 위해서'라는 부사적 용법으로 사용되었다. '무역을 가능하게 하기 위해서'라고 해석할 수 있다.
· It consisted of many smaller pathways **that** were connected.
  → that 이하는 주격 관계대명사가 쓰인 관계대명사절이며 바로 앞의 many smaller pathways를 꾸며주어, '연결된 수많은 좁은 길들'로 해석한다.

⊃ 워크북 124쪽

Workbook

Ⓐ **1** 황제 **2** 개발하다, 발달시키다 **3** 무역 **4** 뻗어나가다 **5** 상인 **6** 도움이 되는 **7** 발달 **8** 축적 **9** 부 **10** B뿐만 아니라 A도 **11** ~으로 이루어지다, 구성되다 **12** 좁은 길 **13** 연결하다 **14** 가능한

Ⓑ **1** began to develop the Silk Road to make trade possible **2** consisted of many smaller pathways **3** stretched across nearly 5,000 miles of land and water **4** brought silk from China into the West **5** in both China and Rome as well as in Egypt and other nations

◦정답

1 ③ **2** ③ **3** help your eyes stay healthy **4** a. ② b. ③ c. ①

◦해석

오랜 시간 컴퓨터 사용 후 눈이 피곤해지나요? 우리의 몸처럼 우리의 눈 또한 운동이 필요합니다. 여기 당신을 위한 몇 가지 간단한 눈 운동이 있습니다. 첫째, 똑바로 서세요. 다음, 가능한 한 위를 본 후 아래를 내려다 보세요. 열 번 반복하고 30초 동안 쉬세요. 또한 당신은 펜을 사용하여 눈 근육을 강화시킬 수 있습니다. 몸 앞에 펜을 드세요. 펜의 끝을 보고 10초 동안 그것에 초점을 맞추세요. 당신의 초점을 잃지 않은 채 펜을 코를 향해 천천히 가져오세요. 5초 동안 유지한 후, 펜을 멀어지게 하세요. 전체 시간 동안 펜 끝에 집중해야 합니다. 세 번 반복하세요. 이러한 운동을 함으로써 당신은 당신의 눈이 건강을 유지하도록 도울 수 있습니다.

◦해설

1 눈 건강을 유지하기 위한 구체적인 눈 운동 방법을 소개하고 있으므로 ③이 제목으로 알맞다.
① 눈이 어떻게 작동하는가 ② 스트레스를 완화하는 방법 ③ 눈 운동하는 방법 ④ 시력을 향상시키는 방법 ⑤ 눈 운동의 중요성

2 눈 운동으로 언급된 것은 위를 보았다가 아래를 보는 것과 펜 끝을 보는 것이므로, ⓑ, ⓒ, ⓓ가 답이다.

3 「help+목적어+목적격 보어」 구문으로 목적어는 your eyes, 목적격 보어로는 원형부정사구인 stay healthy가 되어야 한다.

4 a. 근육 – ② 당신이 움직일 때 사용하는 하나의 몸의 조직
b. 쉬다 – ③ 한동안 그 어떤 활동적인 것도 하지 않다
c. 강화하다 – ① 더 강해지기 위해서 무언가를 반복적으로 사용하다

◦구문

· Next, look **as high as possible** and then, look down.
→ 「as ~ as possible」은 '가능한 한 ~하게'의 뜻으로 「as ~ as you can」으로 바꾸어 쓸 수 있다.
· You can also strengthen your eye muscles **by using** a pen.
→ 전치사 다음에는 명사 형태가 와야 하는데, 동사가 오는 경우 동사에 -ing를 붙여 동명사 형태로 쓴다.

⊃ 워크북 125쪽

Workbook **A** 1 피곤한 2 운동 3 똑바로 4 반복하다 5 쉬다 6 강화하다 7 근육 8 초점; 초점을 맞추다 9 유지하다 10 건강한 11 간단한 12 초 13 떠나다, 치우다 14 ~ 앞에
B 1 after long hours of using the computer 2 look as high as possible 3 strengthen your eye muscles by using a pen 4 towards your nose without losing your focus 5 you can help your eyes stay healthy

➲ 본책 82쪽

story Ⓐ ┥소재┝ 캠핑 여행

┥정답┝

1 ⓑ → ⓓ → ⓐ → ⓒ **2** ① **3** ③ **4** a. ② b. ③ c. ①

┥해석┝

어느 금요일 오후에 형과 나는 Maine에 있는 캠프장으로 세 시간 동안 운전을 해서 갔다. 그것이 내가 처음 캠핑을 갔던 때이다. 나는 텐트를 치는 것이 어려울 것이라고 생각했지만, 그것은 쉬웠다. 그것은 겨우 몇 분만 걸렸다. 우리는 불을 피우고 그 불 위에서 맛있는 저녁을 요리했다. 아름다운 석양을 즐기고 난 후에 우리는 텐트에 들어가서 카드놀이를 했다. 나는 평화롭게 잠을 잤다. 벌레나 다른 성가신 동물들도 없었다. 우리가 일어났을 때, 해는 떠 있었고 우리는 강을 따라서 산책을 했다. 하늘은 파랬고 나뭇잎들은 놀라운 색깔로 변해가고 있었다.

┥해설┝

1 글 속의 주인공은 캠프장에 가서 텐트를 친 후에 저녁을 먹었고, 그 이후에 석양을 감상하고, 텐트에서 카드놀이를 했다. 다음날 아침에는 강가를 따라 산책을 했다.

2 텐트 치는 것은 쉬웠고, 저녁은 맛있었으며, 아름다운 노을 감상 후에 평화롭게 잠이 들었다는 표현 등으로 보아 'I'는 캠핑 여행에 대해서 만족하며 행복감을 드러내고 있다는 것을 알 수 있다.
① 행복한 ② 지루한 ③ 초조한 ④ 놀란 ⑤ 실망한

3 나뭇잎의 색깔이 바뀌어 '(상태가) 변하다'라는 뜻으로 쓰였으므로 ③과 의미가 같다.
① 20쪽을 펴세요. ② 그는 친구에게로 돌아섰다. ③ 날씨가 더워졌다. ④ 그는 문을 열기 위해 열쇠를 돌렸다. ⑤ 소년은 시선을 돌려 창문 밖을 바라보았다.

4 a. 벌레 – ② 곤충 혹은 비슷한 작은 생물
b. 강 – ③ 땅을 가로질러 흐르는 긴 물의 구역
c. 놀라운 – ① 매우 놀라운

┥구문┝

· I thought **it** would be hard **to put up the tent**, ~.
→ it은 가주어로 진주어인 to put up the tent를 대신하고 있는 것이다. 가주어는 따로 해석하지 않으므로 '나는 텐트를 치는 것이 어려울 것이라고 생각했다'로 해석한다.
· **After** we enjoyed a beautiful sunset, we went into the tent and played cards.
→ 접속사 after는 '~한 후에'의 뜻이다. 「after A, B」는 'A 후에 B하다'의 뜻으로 A가 먼저 일어난 일이다.

➲ 워크북 126쪽

Workbook

Ⓐ **1** 캠프장, 야영지 **2** (텐트 등을) 치다, 세우다 **3** 맛있는 **4** 석양, 일몰 **5** 평화 **6** 벌레 **7** 성가신 **8** 놀라운 **9** 캠핑하러 가다 **10** 요리하다 **11** 불을 피우다 **12** 산책하다

Ⓑ **1** It was my first time to go camping. **2** I thought it would be hard to put up the tent **3** After we enjoyed a beautiful sunset **4** the sun was out and we took a walk along the river **5** the leaves were turning amazing colors

● 정답

1 ⑤   **2** ③   **3** ⓐ, ⓒ, ⓔ   **4** a. attract b. safe

● 해석

모든 물고기들은 밤에 헤엄칠 수 있다. 그러나 한 종류는 어둠 속에서 헤엄치기를 정말 좋아한다. 그것은 발광눈금돔이라고 불린다. 그것은 자기 자신만의 빛을 가지고 있다. 발광눈금돔은 각각의 눈 아래에 박테리아 주머니를 가지고 있다. 그것들이 빛을 발한다. 발광눈금돔은 빛을 켜고 끌 수 있다. 그 빛은 먹이를 끌어모으기 위해 사용된다. 빛이 켜지면 작은 물고기들은 그것을 보고 그것을 향해 헤엄쳐 온다. 발광눈금돔은 쉽게 그것들을 잡아서 식사를 즐길 수 있다. 가끔 더 큰 물고기들이 발광눈금돔을 따라온다. 그러면 발광눈금돔은 빛을 끄고 헤엄쳐 도망간다. 그것의 빛은 그것을 안전하게 해준다.

● 해설

1 자신에게 해를 입힐 수 있는 큰 물고기들이 빛을 보고 따라오면 빛을 끄고 헤엄쳐 도망간다고 하는 것이 자연스러우므로 ⓔ의 위치가 가장 적절하다.

2 kind는 형용사로는 '친절한, 상냥한', 명사로는 '종류, 유형'의 뜻을 가지고 있으며, kind of는 '약간, 어느 정도'의 뜻이다. 이 글의 밑줄 친 kind는 '종류, 유형'의 뜻이다.
 ① 그는 친절하고 정말 재미있다.
 ② 그는 항상 나에게 친절하게 대해 왔다.
 ③ 토마토는 채소의 한 종류이다.
 ④ 날씨는 우리에게 아주 좋았다.
 ⑤ 그것은 나를 약간 멍청하다고 느끼게 만들었다.

3 눈 아래에 박테리아 주머니를 가지고 있는 외모, 빛으로 먹이를 유인해 사냥하는 방법, 포식자로부터 안전하게 자신을 지키는 방법이 제시되어 있다.

4 a. 그 온라인 상점은 새로운 고객들을 끌어모으기 위해서 가끔 공짜 쿠폰을 준다.
 b. 밤에 어두운 거리를 걸어 내려가지 마라. 이 도시는 안전하지 않다.

● 구문

· The light is used **to attract food**.
 → to attract food는 목적의 의미를 가진 to부정사의 부사적 용법으로 '먹이를 끌어모으기 위하여'라는 뜻이다.
· ~, smaller **fish** see it and swim to it.
 → fish는 단수와 복수의 형태가 같다. 이 문장에서는 복수형으로 쓰였으므로 동사는 sees가 아닌 see가 사용되었다.

⊃ 워크북 127쪽

Workbook Ⓐ **1** 종류, 유형 **2** 어둠; 어두운 **3** 자신의 **4** 박테리아 **5** (빛이나 열을) 발하다 **6** 끌어모으다 **7** 안전한 **8** 포식자 **9** 켜다 **10** 끄다 **11** 쉽게 **12** 식사
Ⓑ **1** One kind really likes to swim in the dark. **2** a pocket of bacteria under each eye **3** The light is used to attract food. **4** When the light turns on, smaller fish see it **5** can easily catch them and enjoy a meal

MEMO

MEMO

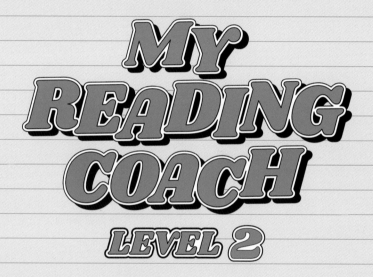

MY READING COACH

LEVEL 2

꿈을 키우는 인강

김정민 선생님
이정우 선생님
정승익 선생님
김청해 선생님
김준우 선생님
정유빈 선생님
장동준 선생님
김지원 선생님
김구 선생님
허준석 선생님

학교가 달라도 교과서가 달라도
기본에 충실한 강의
EBS중학

시험 대비와 실력향상을 동시에
교과서별 맞춤 강의
EBS중학프리미엄

중학도 EBS!

EBS중학의 무료강좌와 프리미엄강좌로 완벽 내신대비!

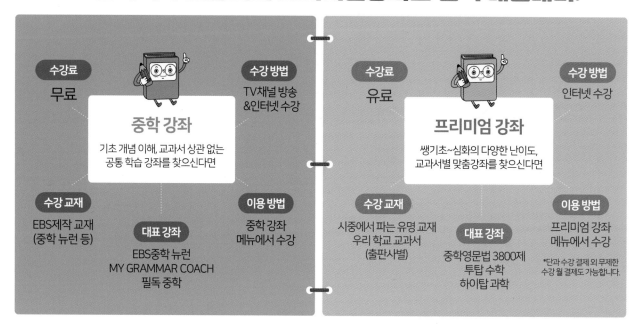

수강료
무료

수강 방법
TV채널 방송
&인터넷 수강

중학 강좌
기초 개념 이해, 교과서 상관 없는
공통 학습 강좌를 찾으신다면

수강 교재
EBS제작 교재
(중학 뉴런 등)

대표 강좌
EBS중학 뉴런
MY GRAMMAR COACH
필독 중학

이용 방법
중학 강좌
메뉴에서 수강

수강료
유료

수강 방법
인터넷 수강

프리미엄 강좌
쌩기초~심화의 다양한 난이도,
교과서별 맞춤강좌를 찾으신다면

수강 교재
시중에서 파는 유명 교재
우리 학교 교과서
(출판사별)

대표 강좌
중학영문법 3800제
투탑 수학
하이탑 과학

이용 방법
프리미엄 강좌
메뉴에서 수강

*단과 수강 결제 외 무제한
수강 월 결제도 가능합니다.

프리패스 하나면 EBS중학프리미엄 전 강좌 무제한 수강

내신 대비 진도 강좌

☑ 국어/영어: 출판사별 국어7종/영어9종
  우리학교 교과서 맞춤강좌

☑ 수학/과학: 시중 유명 교재 강좌
  모든 출판사 내신 공통 강좌

☑ 사회/역사: 개념 및 핵심 강좌
  자유학기제 대비 강좌

영어 수학 수준별 강좌

☑ 영어: 영역별 다양한 레벨의 강좌
  문법 5종/독해 1종/듣기 1종
  어휘 3종/회화 3종/쓰기 1종

☑ 수학: 실력에 딱 맞춘 수준별 강좌
  기초개념 3종/문제적용 4종
  유형훈련 3종/최고심화 3종

시험 대비 / 예비 강좌

· 중간, 기말고사 대비 특강
· 서술형 대비 특강
· 수행평가 대비 특강
· 반배치 고사 대비 강좌
· 예비 중1 선행 강좌
· 예비 고1 선행 강좌

왜 EBS중학프리미엄 프리패스를 선택해야 할까요?

현직 교사들이
직접 참여하는 강의

타사 대비 60% 수준의
합리적 수강료

60%

프리패스 회원만을
위한 특별한 혜택

자세한 내용은 EBS중학 > 프리미엄 강좌 > 무한수강 프리패스(http://mid.ebs.co.kr/premium/middle/index) 에서 확인할 수 있습니다.

*사정상 개설강좌, 가격정책은 변경될 수 있습니다.

중학도 EBS! 최고의 강의, 합리적인 가격
프리패스 구매 문의 : 1588-1580 / 연중무휴 EBS중학프리미엄